Simon Snopkowski

Zuversicht trotz allem

Simon Snopkowski

Zuversicht trotz allem

Erinnerungen eines Überlebenden in Deutschland

OLZOG

Die Deutsche Bibliothek - CIP-Einheitsaufnahme

Snopkowski, Simon :
Zuversicht trotz allem : Erinnerungen eines Überlebenden in Deutschland /
Simon Snopkowski - München : Olzog, 2000
ISBN 3-7892-8037-2

ISBN 3-7892-8037-2

Besuchen Sie uns im Internet: http://www.olzog.de

Sämtliche Bilder stammen aus dem Privatbesitz der Familie.

Umschlagentwurf: Gruber & König, Augsburg
Satz: Fotosatz H. Buck, Kumhausen
Druck- und Bindearbeiten: J.P. Himmer, Augsburg
Printed in Germany

Inhalt

Vorwort

Wenn ich 55 Jahre nach meiner Befreiung von Konzentrationslager und Arbeitslager auf mein Leben zurückblicke, dann hat dies zwei Gründe. Zum einen komme ich einer Bitte meiner Kinder nach, die mir vor einigen Jahren beteuerten, sie wüssten kaum etwas von meinem früheren Leben. Und zum anderen, weil der größte Teil meines Lebens dem Aufbau und der Konsolidierung jüdischen Lebens und jüdischer Tradition im Nachkriegsdeutschland galt. Ich wollte keine Erinnerungen im üblichen Sinne niederschreiben, in denen man sich einreiht in die großen Gestalter der Zeitgeschichte. Was ich in meinem Leben getan und vollbracht habe, geschah nicht aus dem Willen heraus, Geschichte zu schreiben. Mir ging es vielmehr immer darum, wie man aus der Geschichte und ihren Abläufen lernen kann.

Schon sehr früh in meiner Jugend wurde ich mit der Frage konfrontiert, wie Juden in ihrem nichtjüdischen Umfeld so leben können, dass daraus nicht Isolierung, sondern ein fruchtbares Miteinander entsteht. Die 30er Jahre des 20. Jahrhunderts, in die ich als Jugendlicher hineinwuchs, waren voller politischer Dramatik und Widersprüche für die Völker Europas und insbesondere für die jüdische Gemeinschaft. Niemand, und auch ich nicht, konnte und wollte damals auch nur erahnen, dass der traditionelle Antisemitismus, wie er in der europäischen Geschichte immer wieder in Erscheinung trat, in einer bisher so einmaligen und hoffentlich nicht wiederkehrenden Weise im Holocaust enden würde. Zwar überlebte ich nach Jahren der Zwangsarbeit und des KZ das Inferno, aber ich verlor meine gesamte Familie bis auf meinen ältesten Bruder. Als ich im Mai 1945 nach der Befreiung durch die Rote Armee in meine Heimatstadt Myschkow zurückkehrte, da konnte ich meine Eltern und Geschwister nicht mehr wieder sehen. Sie waren ermordet und verscharrt oder in den Öfen von Auschwitz verbrannt. So wenig ich mir vor dem Holocaust vorstellen konnte, was dann tatsächlich geschah, so wenig konnte ich mir nach der Befreiung 1945 vor Augen führen, dass ich mit dazu beitragen sollte, dass jüdisches Leben und Tradition in Deutschland eines Tages wieder möglich ist. Ich für meine Person versuchte meinen Beitrag zu leisten, dass in Bayern heute in zwölf Gemeinden dieses Leben wieder lebendig ist.

Davon will ich erzählen und berichten; von der Dunkelheit, die Verfolgung und Vernichtung in meinem Leben ausgelöst hat und von der unerschütterlichen Gewissheit, vor keiner Bedrohung und Herausforderung zu kapitulieren. Dass ich in Deutschland blieb, fiel mir im ersten Jahrzehnt nach dem Krieg nicht leicht. Zweifel und Ungewissheiten plagten mich, ob, und wenn ja, ein Leben im Lande der Täter überhaupt möglich sein kann. Die Wunden des Zweiten Weltkrieges mit Millionen jüdischer Opfer waren noch zu frisch. Aber am Ende entschloss ich mich hier zu bleiben, nicht zuletzt aus dem Bewusstsein heraus, dass es auch den Toten gegenüber Verpflichtung und Verantwortung gibt.

Für mein Hierbleiben habe ich oft Unverständnis und Anklage erfahren, gerade auch von meinen jüdischen Landsleuten. Aber mit der gleichen Entschlossenheit, mit der ich mein Hierbleiben für mich begründete, begegnete ich auch solchen Anfeindungen. 55 Jahre nach dem Ende des Dritten Reiches und dem Naziterror empfinde ich Genugtuung für meine Entscheidung. Der Weg für den Wiederaufbau jüdischen Lebens und jüdischer Tradition in Bayern war mit großen Schwierigkeiten und Problemen gepflastert. Rückschläge und Enttäuschungen blieben nicht aus. Dennoch ist es mir und meinen Mitstreitern gelungen, dass heute ein halbes Jahrhundert nach Vertreibung und Vernichtung allein in Bayern wieder an die 10.000 jüdische Bürger leben können.

Ich habe in den Jahren meiner Haft und der Zwangslager Tiefenschichten in meinem Leben erfahren, die mir vielleicht in der Normalität des Alltags nie bewusst geworden wären. In diesen Jahren der äußersten seelischen Bedrängnis und der ständigen Bedrohung des eigenen Lebens erfuhr ich die Kraft, die nur aus dem Glauben und der Religion fließen kann. Aus ihr erwuchs mir die Zuversicht, ohne die alles menschliche Tun und Wirken unzulänglich wäre.

Ich widme dieses Buch meiner Familie, meiner Frau Ilse und meinen beiden Kindern Peter und Jona. Meiner Frau, die seit 1958 an meiner Seite steht und ohne deren Rat und Mitarbeit mir vieles nicht gelungen wäre, was gelungen ist. Ich widme dieses Buch aber auch meinen beiden erwachsenen Kindern, die – wie ich – beide den Beruf des Arztes gewählt haben. Von ihnen ging die Anregung aus, von meinem Leben zu erzählen, über das ich über viele Jahrzehnte geschwiegen habe.

1. Kapitel
Kindheit – Jugend – Elternhaus

Das Jahr 1925 war in der europäischen Zwischenkriegszeit politisch ein bewegtes Jahr. Im Januar errichtete der italienische Ministerpräsident Benito Mussolini die faschistische Diktatur. Unter Umgehung des Parlaments riss er die volle Verfügungsgewalt über die Exekutive an sich. Im Februar reorganisierte Adolf Hitler die NSDAP, nachdem diese in Zusammenhang mit dem Putsch am 9. November 1923 an der Feldherrnhalle in München verboten wurde. In Moskau ließ Stalin seinen Rivalen Leo D. Trotzki vom Amt des Volkskommissars für Verteidigung suspendieren. Im April 1925 wurde in Deutschland der 77-jährige Generalfeldmarschall Paul von Hindenburg zum Reichspräsidenten gewählt. Im Juli wurde das Ruhrgebiet von der französischen und belgischen Besatzung geräumt und am 18. Juli erschien im Münchner Verlag Max Axmann der 1. Band von Hitlers „Mein Kampf". Darin hatte Hitler bereits alle Elemente der nationalsozialistischen Ideologie und des Rassenwahns beschrieben. Ende Juli ließ die polnische Regierung alle Deutschen des Landes verweisen, die für die Beibehaltung der deutschen Staatsbürgerschaft optiert hatten. Im Oktober 1925 einigten sich im schweizerischen Locarno die Regierungsdelegationen aus Belgien, Deutschland, Frankreich, Großbritannien, Italien, Polen und die Tschechoslowakei auf ein Vertragswerk, das alle Konfliktpotentiale beseitigen sollte, die seit dem Ende des Ersten Weltkrieges zwischen Deutschland und seinen Nachbarstaaten bestanden. Deutschland verpflichtete sich in diesem internationalen Abkommen unter anderem, die polnische Westgrenze zu respektieren und keine gewaltsame Änderung dieser Grenze zu betreiben. Der Abschluss der Locarno-Verträge löste unter den Demokraten in Deutschland breite Zustimmung aus, stieß jedoch auf harten Widerstand bei den nationalistisch gesinnten Kreisen. So wurde der epochale Charakter dieses Vertragswerkes, das auf Versöhnung mit Deutschland gerichtet war, bereits in seinen Anfängen in Frage gestellt. Weder der politische Ausgleich mit Frankreich noch der mit Polen trug ernsthafte Früchte. Das stete Anwachsen nationalistischer Stimmungen in Deutschland und im übrigen Europa bereitete Hitler den Weg zur Machtergreifung.

Ich erinnere mich an diese Ereignisse des Jahres 1925 deshalb, weil sie mein späteres Leben und das meiner Familie unmittelbar betreffen sollten. Das Erinnerungsvermögen der Menschen im damaligen Europa war in den 20er Jahren zunächst noch stark bestimmt von dem Grauen und von den Verwüstungen, die der Erste Weltkrieg ausgelöst und hinterlassen hatte. Vor diesem Erfahrungshintergrund war Friedenspolitik noch mehrheitsfähig. Das änderte sich mit Beginn der 30er Jahre. Der Nationalismus eroberte die Köpfe der Menschen. Auch in meinem Heimatland Polen fanden die nationalistischen Parteien einen regen Zulauf. Außer den Mächten Frankreich und Großbritannien gab es kaum noch einen Staat in Europa, der sich für die europäische Friedensordnung von Versailles stark machte. Die Politik des „Appeasement“ in London und Paris sollte den gefährdeten Frieden retten. Das Gegenteil trat ein, nachdem in Deutschland die Nationalsozialisten die Macht ergriffen hatten.

Während sich über Europa ein Sturm zusammenbraute, wurden die Juden auf dem ganzen Kontinent zur Zielscheibe von Verdächtigungen und Hass. Die ersten Anzeichen eines Radikalismus machten sich breit. Die Juden wurden für den sozialen und kulturellen Verfall beschuldigt, der in den 30er Jahren allenthalben in Erscheinung trat. Auch die Kirchen sahen im Judentum eine wachsende Bedrohung. Ein sich breit machender Kulturpessimismus förderte antisemitische Stimmungen. Vor dem Hintergrund dieser religiös-kulturellen Krise kam es nicht nur in Nazi-Deutschland zu einer Verschärfung antijüdischer Einstellungen, sondern auch in Polen. Die Juden selbst waren sich nur zu einem geringen Teil darüber im klaren, auf welch unsicherem Boden sie standen, denn wie so viele andere nahmen sie das Ausmaß der Krise der liberalen Demokratie nicht wahr. Nur wenige im damaligen Europa konnten sich vorstellen, dass das nationalsozialistische Deutschland eines Tages außerhalb seiner Grenzen zu einer realen Bedrohung werden könnte.

Nördlich des großen Industriebeckens von Kattowitz liegt die polnische Kleinstadt Myschkow. Dort, im früheren Oberschlesien, wurde ich als 4. Kind meiner Eltern Shlomo und Tauba geboren. Myschkow hatte damals an die 15.000 Einwohner. An der Wende zum 20. Jahrhundert nahm das Städtchen einen raschen wirtschaftlichen Aufschwung.

Durch den Bau der großen Eisenbahnlinie Warschau – Wien fand Myschkow Anschluss an eine bedeutende internationale Verkehrsverbindung. Diese setzte eine rasche Industrialisierung in Gang. In wenigen Jahrzehnten wurde aus dem verschlafenen kleinen Städtchen ein dynamisches und aufstrebendes Industriezentrum. Große Industrieunternehmungen errichteten Zweigstellen. In rascher Folge entstanden ein Emaille- und ein Aluminiumwerk, ein Stahlwerk und eine Erzgießerei. Auch die Textilindustrie fand optimale Produktionsbedingungen vor. Das größte Unternehmen freilich war eine Papierfabrik, die sich im Lauf der Jahre zum bedeutendsten Unternehmen in ganz Polen entwickelte und über 800 Beschäftigte zählte.

Die Umgebung und das Hinterland meiner Geburtsstadt waren ländlich geprägt. Die bäuerlichen Anwesen waren klein und erbrachten nur geringe Erträge, soviel, dass die meist kinderreichen Familien gerade ihr Auskommen hatten. Viele der jungen Menschen wanderten deshalb in die nächstgelegene Stadt ab, wo sie Arbeit und Brot fanden. Auch mein Großvater gab sein bäuerliches Anwesen auf und zog mit seiner Familie in die Nähe der Stadt, etwa 10 Kilometer von Myschkow entfernt. Dort gründete er ein Geschäft für Getreidehandel und schuf so für sich und seine Familie bessere Lebensverhältnisse. Der Getreidehandel war im übrigen eine der Handelsbranchen, in der Juden besonders stark vertreten waren. Der Weggang meines Großvaters vom Land in die Nähe der Stadt hatte aber noch einen anderen Grund, und der war entscheidend für ihn. Auf dem Land gab es nur wenige Bethäuser und schon gar keine Synagogen. Da mein Großvater ein sehr spiritueller Mensch war, war ihm die Pflege des Kultes und der religiösen Traditionen wichtig. Familie und Synagoge bilden nach jüdischem Verständnis eine Einheit, und im traditionellen ostjüdischen Haus waren Glaube und Alltag noch voll integriert. Diese Symbiose von Haus und Synagoge war es denn auch, die speziell dem Ostjudentum einen starken Rückhalt und Zusammenhalt verlieh.

In den Jahren meiner Kindheit und Jugend lebten in Myschkow etwa 150 jüdische Familien. Die meisten von ihnen waren Händler oder Handwerker. Das Zusammenleben mit der polnischen Bevölkerung war unverkrampft und gut nachbarlich. Das war zu den damaligen Zeiten nicht selbstverständlich. Denn in den 20er und 30er Jahren gab es auch in Polen immer wieder starke antisemitische Strömungen und Stimmungen. Wir blieben davon in unserem Städtchen weitgehend verschont. Ich erinnere mich noch gut, wie polnische Mitbürger sich schützend vor Juden stellten, wenn sie angepöbelt oder angegriffen wurden.

Letztes Bild vor der Trennung der Familie; Aufnahme im Frühjahr 1942 von links nach rechts: Autor Simon, Schwester Fela, Vater Shlomo, Schwester Rosa, Mutter Anna, Bruder Benjamin, Bruder Pinchas. Der älteste Bruder Chaim ist zu dieser Zeit auf der Flucht nach Palästina.

Wir waren sechs Kinder in unserer Familie. Meine älteren Geschwister waren die beiden Brüder Chaim und Pinchas und meine Schwester Fela. Mein ältester Bruder Chaim erlernte den Beruf des Mechanikers und arbeitete im Emaille- und Aluminiumwerk. Mein zweitältester Bruder Pinchas verblieb im väterlichen Betrieb als Schneider und Kaufmann und meine Schwester Fela war als Schneiderin und Designerin in der Modebranche tätig. Meine beiden Geschwister Rosa und Benjamin waren um einige Jahre jünger als ich.

Mein Vater erlernte das Handwerk des Schneiders, machte darin seinen Meister und gründete zudem ein Textilgeschäft. Die Qualität und Zuverlässigkeit seiner Arbeit hat ihm unter den Einwohnern des Städtchens Ansehen und Anerkennung eingebracht. Für die meisten ortsansässigen Unternehmen produzierte sein Betrieb die Arbeitskleidung der Beschäftigten. Auf diese Art und Weise hatte mein Vater eine verlässliche Kundschaft und ein kalkulierbares Einkommen. Somit waren auch gute Voraussetzungen gegeben, dass ich in meiner Kindheit und Jugend keine materielle Not oder Entbehrung erfahren musste.

Nach traditionellem jüdischem Verständnis ist der Vater der Mittelpunkt der Familie. Er ist nicht nur für das äußere Wohlergehen seiner Familie verantwortlich, sondern auch für deren spirituelles Leben. Die Pflege und Einübung in die religiösen Vorschriften und Sitten gehörte zu seinen Aufgaben. Dieser Verantwortung war sich mein Vater voll bewusst und sein Handeln war dementsprechend danach ausgerichtet. Die Einhaltung des Sabbats und die Pflege der religiösen Feiertage war für ihn eine selbstverständliche Pflicht. Deshalb habe ich schon in meiner frühen Kindheit erfahren, welchen Stellenwert das religiöse Leben für einen persönlich und für den Zusammenhalt der Familie hat. Bis heute ist mir mein Vater darin ein unverrückbares Vorbild geblieben.

Über viele Jahre war mein Vater der Vorsitzende des örtlichen jüdischen Handwerkerverbandes. In dieser Zeit bewies er, dass er neben seiner religiösen und toleranten Grundeinstellung auch ein stark ausgeprägtes soziales Gewissen hatte. Er gründete in den 30er Jahren eine Genossenschaft für die ortsansässigen Handwerksbetriebe. Das Ziel dieser Genossenschaft war, die notwendigen administrativen Aufgaben eines Einzelbetriebes in einer zentralen Verwaltung zu bündeln. Da-

Mein Vater Shlomo als Vorsitzender des jüdischen Handwerkerverbandes von Myschkow Vater: 1. Reihe, 2. von links

durch wurden die einzelnen Betriebe entlastet und konnten so ihrem eigentlichen Geschäft besser nachgehen. Große Not herrschte in den Handwerksfamilien dann, wenn die Menschen krank oder alt wurden. Die meisten Betriebe kannten weder eine Altersversorgung noch einen Versicherungsschutz im Krankheitsfall. Um kranken und alten Menschen beizustehen und ihnen zu helfen, gründete der Vater innerhalb dieser Genossenschaft den Hilfs- und Solidaritätsfonds, Bikur Cholim. Hilfe zur Selbsthilfe würde man heute sagen.

Tief verwurzelt in der Tradition des jüdischen Glaubens und mit einem ausgeprägten sozialen Gewissen, so erlebte ich meinen Vater von früher Kindheit an. Meine Mutter Tauba starb ein Jahr nach meiner Geburt. Von ihr habe ich nur aus Erzählungen eine Erinnerung. Vom Tod meiner leiblichen Mutter erfuhr ich, als ich zwölf Jahre alt war. Der Vater heiratete wieder und aus dieser Ehe stammen meine beiden jüngsten Geschwister Rosa und Benjamin. Meine Stiefmutter begegnete mir wie die eigene Mutter. Wenn ich mich an die ersten Kindheitsjahre zurück erinnere, so empfinde ich sie als ausgesprochen geborgen und beschützt.

Von 1931 bis 1935 besuchte ich die Volksschule. Die meisten meiner Mitschüler stammten aus der polnischen Nachbarschaft. Wir drückten nicht nur gemeinsam die Schulbank, wir verbrachten auch unsere Freizeit zusammen, meist beim Fußballspielen. Es waren Jahre einer unbeschwerten Zeit. Die Geschäfte des Vaters liefen gut, und die Familie spürte weder äußere Not noch materiellen Mangel. In diesen Jahren reifte in mir der Wunsch, zu studieren, um später einmal den Beruf des Arztes auszuüben. Noch konnte ich freilich nicht ahnen, was sich mir bis zum Erreichen dieses Zieles in den Weg stellen sollte.

Mein Vater riet mir von einem Studium ab. Nicht deshalb, weil er prinzipielle Einwände gegen einen akademischen Beruf hatte. Er tat dies vielmehr aus der Erfahrung heraus, wie jüdische Studenten an den polnischen Universitäten und Hochschulen ausgegrenzt und diskriminiert wurden. Sein Ehrgefühl als jüdischer Bürger war dadurch tief verletzt, und er wollte mir offenbar eine solche Demütigung ersparen. Deshalb sein Rat, einen praktischen Beruf zu ergreifen, ein Handwerk zu erlernen oder mich als Ingenieur ausbilden zu lassen. Nicht aus Ungehorsam blieb ich meinem Wunschtraum treu. Und so bewarb ich mich ohne Wissen meiner Eltern am jüdischen Gymnasium in Tschenstochau um ein Stipendium. Ich besorgte mir die entsprechenden Bewerbungsunterlagen und bereitete mich auf die Aufnahmeprüfung vor. Ich bestand die Aufnahmeprüfung und erhielt eines von den drei ausgeschriebenen Stipendien. Der Weg zum Studium war nun frei, und meine Eltern, vor allem mein Vater, waren stolz auf die zielstrebige Hartnäckigkeit, die ich als Zehnjähriger an den Tag legte.

So fuhr ich von nun an täglich mit der Bahn in das 30 Kilometer entfernte Tschenstochau. Man schrieb das Jahr 1935. Als Fahrschüler verblieb ich nach wie vor im Kreise meiner Familie. Und wenn ich am Abend vom Gymnasium nach Hause kam, erzählte ich gerne von meinem schulischen Alltag, von meinen Lehrern und Mitschülern, von den Diskussionen, die in den Pausen oder nach den Unterrichtsstunden zwischen unseren Lehrern und uns Schülern stattfanden. Mit kritischer Aufmerksamkeit verfolgten wir vor allem die politische Entwicklung im Deutschen Reich, die wachsende Repression und Verfolgung, denen die jüdischen Bürger dort ausgesetzt waren. Dies schärfte nicht nur meinen politischen Verstand, sondern auch mein Zugehörigkeitsbewusstsein zur jüdischen Glaubensgemeinschaft. Gleichwohl die Jahre nach 1935 den politischen Horizont verdunkelten, so muss ich doch auch gestehen, dass diese Jahre mir auch viel Zuversicht geschenkt haben, die Jahre später auf die härteste Probe gestellt werden sollte.

Bis zum Ende des Ersten Weltkrieges war Polen geteilt. Russland, Preußen und Österreich waren die eigentlichen Herren im Lande. Myschkow gehörte zum russisch besetzten Gebiet. Die russische Fremdherrschaft war für die polnische Bevölkerung niederdrückend und hart. Auch die Juden erfuhren in dieser Zeit immer wieder Verfolgung, ja sogar Pogrome. So kam es oft zu Solidarisierung zwischen den Polen und den Juden im Widerstand gegen die russische Fremdherrschaft. Als 1905 die Polen erneut gegen die Russen protestierten und Aufstände organisierten, war auch mein Vater daran beteiligt.

Mit der Wiedererrichtung der polnischen Republik 1919 hegte das Judentum in Polen große Hoffnung auf mehr politische und kulturelle Selbstbestimmung und gesellschaftliche Entfaltungsmöglichkeiten. Immerhin hatte sich der neue polnische Staat in den Friedensverträgen von Versailles verpflichtet, der jüdischen Minderheit Schutzrechte einzuräumen. Trotzdem blieb eine antisemitische Grundstimmung in Polen latent, dem Land, in dem in den 30er Jahren mehr als 3 Millionen Juden lebten. Am stärksten machte sich die antijüdische Grundstimmung an den Universitäten und bei dem bürgerlichen Mittelstand bemerkbar. So mussten jüdische Studenten in den Hörsälen auf so genannten „Judenbänken“ Platz nehmen, und auf den Wochenmärkten wurden jüdischen Handwerkern eigene Standplätze zugewiesen. Boykottaktionen gegen jüdische Händler und Geschäftsleute waren oft an der Tagesordnung.

Die tiefsten Wurzeln des Antisemitismus in Polen waren religiöser Natur. In diesem zutiefst katholischen Land, dessen Bevölkerung in ihrer Mehrheit auf dem Land oder in Kleinstädten lebte, war eine antijüdische Grundstimmung immer lebendig. Die Verantwortlichen der Kirche unternahmen kaum etwas, um gegen diese Grundstimmung vorzugehen. Im Gegenteil. So erließ August Kardinal Hlond 1937 einen Hirtenbrief, in dem er auf die Judenfrage einging. Darin hieß es: „Es ist eine Tatsache, dass die Juden gegen die Katholische Kirche kämpfen, dass sie in Freimaurerei verfallen sind, dass sie die Avantgarde der Gottlosigkeit, der bolschewistischen Bewegung und der subversiven Aktion sind. Es ist eine Tatsache, dass der jüdische Einfluss auf die Moral beklagenswert ist.... Es ist wahr, dass in den Schulen der Einfluss des Jüdischen auf die katholischen Jugendlichen aus religiöser und moralischer Sicht im allgemeinen negativ ist." Diese zitierten Sätze aus dem Hirtenbrief des polnischen Kardinals waren an Deutlichkeit nicht zu überbieten. Doch um gerecht zu erscheinen, nahm der Kardinal wieder einiges zurück. „Nicht alle Juden sind so, wie wir sie beschrieben haben. Es gibt auch gläubige, rechtschaffene, ehrbare, mildtätige und wohlmeinende Juden. In vielen jüdischen Familien herrscht ein gesunder und erbaulicher Familiengeist. Wir kennen einige Leute in der jüdischen Welt, die moralisch hervorragend, edel und achtbar sind." Trotz dieser Einschränkungen, die Kardinal Hlond in seinem Hirtenbrief machte, an der Grundstimmung gegen die Juden änderte sich nichts. Die jüdische Gemeinschaft musste sich als fremd und ausgegrenzt empfinden.

Die soziale Schichtung der jüdischen Bevölkerung verschärfte die Lage noch. Die Mehrheit der jüdischen Gemeinschaft, mehr als 2 Millionen, gehörten dem politisch entscheidenden Kleinbürgertum an. Anders als im Westen Europas, verstand sich das Ostjudentum als eine Minderheit mit einer besonderen „Nationalität". Das erklärt auch die Tatsache, dass sich die Juden in Polen mehrheitlich in eigenen politischen Organisationen sammelten, im sozialistischen „Bund" oder in den einzelnen zionistischen Verbänden. So exponierte sich das Judentum mehrheitlich auf der politischen Linken und geriet in wachsendem Maße in eine Gegenposition zum vorherrschenden Nationalismus in Polen.

Als Pilsudski 1935 starb, verlor Polen einen charismatischen Politiker. Er war es, der immer wieder die nationalistischen Auseinandersetzungen der 20er und 30er Jahre dämpfte und demokratische Elemente im Lande unterstützte. Insbesondere gegenüber den Juden zeigte er Verständnis und Entgegenkommen. So wurde während seiner Regierungszeit der Cheder als jüdische Volksschule staatlich anerkannt.

Nachdem Pilsudski von der politischen Bühne abgetreten war, verschlechterte sich die Lage der jüdischen Bevölkerung in unserem Lande rapide. Ein Numerus clausus sollte jüdischen Studenten den Zugang an die Universitäten erschweren. Viele Berufsverbände nahmen Arier-Paragraphen in ihre Satzungen auf. 1937 billigte die Regierung ein Gesetz, das die „Polonisierung der Wirtschaft" vorsah. Und Vertreter der katholischen Kirchen sprachen gar von Juden als „fremd und ökonomisch lästigen Elementen". Der herkömmliche Antisemitismus wandelte sich in einen „staatlichen Anti-Judaismus".

Von dieser aufgeheizten Stimmung verspürten wir in unserer Stadt noch recht wenig. Das tägliche Leben nahm seinen gewohnten Lauf. Um so intensiver diskutierten wir in der Familie über das Zeitgeschehen. Ich erwähnte schon, dass meine Familie vor allem durch meinen Vater und durch meine beiden älteren Brüder eine ausgesprochen politisch bewusste Familie war. In unseren abendlichen Gesprächsrunden ging es oft heiß her. Meine beiden Brüder Chaim und Pinchas waren aktive Mitglieder jüdischer Organisationen. Chaim bekannte sich zur zionistischen Bewegung, „Haschomer Hazair", die seit der Wende zum 20. Jahrhundert vor allem bei den Ostjuden großen Zuspruch fand. Die Idee von einem eigenen Heimatland und von einem unabhängigen jüdischen Staat war damals zwar noch ein Traum, aber sie faszinierte. In der Kibbuzbewegung wurden junge Menschen darauf vorbereitet, eines Tages in Palästina einen jüdischen Staat zu gründen und aufzubauen. Mein Bruder Pinchas war Mitglied des „Bundes", der jüdischen sozialistischen Arbeiterbewegung. Die politische Zielsetzung des „Bundes" war die Gleichberechtigung der Juden in den nationalen Gesellschaften. Die zionistische Bewegung und der Bund hatten unterschiedliche politische Zielrichtungen. Während die Zionisten ihre Aufmerksamkeit auf einen jüdischen Staat in Palästina richteten, kämpften die Bundisten für Gleichberechtigung und für autonome Rechte innerhalb der Nationalstaaten. Diese gegensätzlichen Positionen meiner beiden Brüder zogen mich in ihren Bann und förderten in mir das Bemühen nach einem eigenen politischen Standpunkt. Gleichwohl ich den Ideen des „Bundes" viel abgewinnen konnte, entschied ich mich 1936 als Elfjähriger, dem zionistischen Jugendverband „Haschomer Hazair" beizutreten.

Der Autor als Elfjähriger umgeben von Mitgliedern des zionistischen Jugendverbandes „Haschomer Hazair". Autor in der 1. Reihe in der Mitte

Seit der Machtergreifung Hitlers 1933 verfolgte ich mit großer Aufmerksamkeit, aber auch mit wachsender Besorgnis, was in Deutschland vor sich ging. Ich registrierte, wie die Nazis Juden behandelten und verfolgten. Mir wurde bewusst, dass dem europäischen Judentum schwere Zeiten bevorstanden. Ich konnte mir damals aber nicht vorstellen, was später dann tatsächlich wirklich geschah. Die totale Abnormität, die Millionen Juden in die Vernichtung trieb, hatte in dem Bewusstsein eines normalen Menschen keinen Platz.

Über Hitler und seine Anhänger machte ich mir keine Illusionen. Und das Schicksal der deutschen Juden deprimierte mich. Ich glaubte damals noch, dass die europäischen Mächte und auch die Sowjetunion das Dritte Reich in seine Schranken verweisen werde. Schon gar nicht konnte ich mir vorstellen, dass ausgerechnet Stalin mit Hitler wenige Wochen vor dem Ausbruch des Krieges einen Vertrag abschließen würde, der Polen erneut von der Landkarte auslöschen und der Aggression Tür und Tor öffnen sollte.

Heftige Diskussionen löste in meiner Familie der spanische Bürgerkrieg aus. Meine Sympathie galt der spanischen Republik und nicht Franco und seinen Anhängern. Mit Enttäuschung beobachtete ich, dass die damaligen europäischen Mächte es zugelassen haben, dass Deutschland und Italien offen für Franco Partei ergriffen. Mir wurde klar, dass der spanische Bürgerkrieg der Exerzierplatz für einen großen europäischen Krieg war. Die offene Intervention der Legion Condor auf der Seite von Franco, die Bombardierung von Städten und deren schutzloser Bevölkerung, der Tod von unschuldigen Menschen in Guernica dämpften meine Zuversicht über die weitere Entwicklung in Europa. Nirgendwo konnte ich politische Kräfte entdecken, die auf der Seite der Juden standen. Bis zum Bekanntwerden des Hitler-Stalin Paktes im August 1939 sah ich in der Sowjetunion das einzige Land, in dem flüchtende Juden noch eine Zuflucht finden konnten. Mir war bekannt, dass Hunderttausende von jüdischen Flüchtlingen und Vertriebenen dort Aufnahme fanden. Trotz der großen Säuberungswelle der 30er Jahre, denen auch viele Juden zum Opfer fielen, ist es eine Tatsache, dass Stalin diese heimatlos gewordenen Juden ins Land ließ.

Unsere abendlichen Diskussionsrunden in der Familie waren in wachsendem Maße von der Frage beherrscht, was sollen und was können wir tun, um dem drohenden Unheil zu entgehen. Sollten wir nach Palästina auswandern? Aus meiner Verwandtschaft mütterlicherseits gab es einige Kusinen, die diesen Weg beschritten hatten. Auch mein Bruder Chaim war von solchen Überlegungen bestimmt. Aber wie kann eine 8-köpfige Familie einen solchen Weg beschreiten? Zum einen waren die Zertifikate für eine Übersiedlung nach Palästina kontingentiert, also beschränkt, und zum anderen war die Durchführung eines solchen Vorhabens natürlich mit einer Menge Kosten verbunden. Trotzdem, an das spätere Ausmaß der Vernichtung konnten und wollten wir nicht glauben. Zwar wusste ich aus der Geschichte, dass die Juden immer die ersten Opfer der Zwietracht sind, wenn eine Mehrheit gegen eine Minderheit aufgehetzt wird. Über Jahrhunderte war das Judentum Verfolgungen ausgesetzt und hat trotzdem überlebt. Diese geschichtliche Erfahrung hat auch mich geprägt und das trügerische Gefühl des „Nicht-untergehen-Könnens“ genährt.

Wenn ich heute den Gemütszustand beschreiben soll, der mich und meine Familie damals bestimmte, so war es die Stimmung der Ausweglosigkeit, des Gefangenseins, des Ausgeliefertseins. Dennoch waren die Jahre von 1936 bis zum Ausbruch des Krieges für mich auch glückliche Jahre. Ich war stolz, dass ich am jüdischen Gymnasium in Tschenstochau studieren konnte. Dank des Stipendiums war ich schulgeldfrei und brauchte meinen Eltern finanziell nicht zur Last fallen. Ich lernte gerne und mein Interesse an den einzelnen Fächern und mein Wissensdrang waren groß. In dieser Zeit erwachte in mir auch das Gefühl einer jüdischen Identität, in der ich mich aufgehoben und getragen wusste. Die Zugehörigkeit zur jüdischen Religion und zur jüdischen Gemeinschaft machten mich stark. Die Mitgliedschaft im zionistischen Jugendverband „Haschomer Hazair" verstärkte diese Bindungen.

1938 war ich 13 Jahre alt. Zuhause in meiner Familie und am Gymnasium in Tschenstochau standen die politischen Ereignisse in Europa im Mittelpunkt. Am 12. März marschierten deutsche Truppen in Österreich ein. Mit dem so genannten Anschluss hörte das souveräne Österreich auf zu existieren. In Spanien hatten die Franco-Truppen einen entscheidenden militärstrategischen Erfolg über die republikanischen Truppen errungen. Am 1. Oktober besetzten deutsche Truppen das Sudetenland. Mehr als 10.000 Juden verließen das Land, um sich dem Zugriff der Nationalsozialisten zu entziehen. Und am 9. November rief Nazi-Deutschland zur Reichspogromnacht auf. Zahlreiche jüdische Menschen wurden öffentlich gejagt und getötet; über 26.000 verhaftet, 191 Synagogen niedergebrannt und weitere 76 zerstört. Über 7.000 jüdische Läden wurden geplündert, Wohnhäuser ausgeraubt und zerstört, Gemeindehäuser und Friedhöfe verwüstet. Das Ausmaß der Verfolgung und Vernichtung von Juden und deren Hab und Gut löste in mir, dem Gymnasiasten von 13 Jahren, Entsetzen aus. Tausende von flüchtenden Juden suchten in Polen Zuflucht. Da meine Heimatstadt Myschkow unweit der Grenze zum Deutschen Reich lag, war ich mit der Not und dem Elend der Flüchtenden unmittelbar konfrontiert. Die Lage dieser Menschen war erschütternd. Ihr Hab und Gut mussten sie zurücklassen und das wenige, was sie hatten, reichte nicht zum Überleben. Von der abweisenden Haltung der polnischen Behörden wussten wir. Und so lag es in erster Linie an uns, den jüdischen Familien und Organisationen, diese heimatlos gewordenen Menschen aufzunehmen und ihnen Beistand zu geben. Noch hatten wir ein Zuhause und eine Heimat. Auch in meiner Familie fanden vier bis sechs Personen eine vorläufige

1938 nach der Reichspogromnacht – Jüdische Bürger von Myschkow versammeln sich, um zu protestieren und um deutsche Waren zu boykottieren

Bleibe. In unserer Schule in Tschenstochau entwickelten wir Pläne und Hilfsmaßnahmen. Erstmals war ich in diesen Wochen nach dem 9. November 1938 direkt persönlich konfrontiert mit der Verfolgung, Vertreibung und dem Schicksal von Juden. Noch bedrückender aber war für mich die Erfahrung in diesen letzten Wochen des Jahres 1938 die Tatsache, dass die meisten Länder Europas ihre Grenzen vor den Juden dicht machten. Im Herbst 1938 verweigerten Frankreich und Holland die Aufnahme, Schweden und Dänemark verschärften die Restriktionen und schoben Flüchtlinge, die ohne gültige Papiere ankamen, nach Deutschland zurück. Auch in Übersee hatten die jüdischen Landsleute große Mühe, Zuflucht zu finden. Viele wurden Opfer jedweder Art von Täuschungen. Durch den Verkauf von wertlosen Einreisevisa verdiente sich so mancher Angestellte südamerikanischer Konsulate eine goldene Nase. Viele, die an den Küsten dieser Länder ankamen, wurden abgewiesen. Auch die Nazis mischten bei derlei Täuschungsmanövern kräftig mit. Eines der perfidesten Beispiele betraf das Schiff Saint Louis. Den 900 Passagieren dieses Schiffes versicherten die deutschen Behörden eine Einreise nach Kuba, obwohl die Kubaner ihrerseits alle

Einreiseerlaubnisse gestrichen hatten. Die Saint Louis fuhr monatelang von einem Land zum anderen, aber nirgendwo durften die Passagiere von Bord gehen. Schließlich blieb nichts anderes übrig, als nach Europa zurückzukehren. Ein kleiner Teil der Zwangsrückkehrer fand nach Zahlung von einer halben Million Dollar Aufnahme in einigen westlichen Ländern, die übrigen Rückkehrer wurden in Konzentrationslager geschickt.

Ein zweites Beispiel einer vergeblichen Flucht war das Schicksal der Passagiere auf dem Schiff „Struma". Im rumänischen Hafen von Constanza am Schwarzen Meer heuerte man das kaum noch seetüchtige Schiff „Struma" an. 769 Flüchtlinge gingen im Herbst 1941 an Bord. Nach geraumer Zeit erreichte man Istanbul. Dort hielten die türkischen Behörden Schiff und Passagiere einige Monate fest; die Flüchtlinge bekamen keine Einreiseerlaubnis und mussten an Bord bleiben. Im Februar 1942 schließlich schickte man die „Struma" aufs offene Meer, wo es kurze Zeit später von einer Torpedorakete getroffen und versenkt wurde. Bis auf einen Passagier sind alle dabei in den Fluten des Meeres umgekommen.

Ich erwähne diese beiden Beispiele deshalb, weil sie die Tragik der aus Europa flüchtenden Juden aufs Ansehnlichste verdeutlichen. In den von den Deutschen besetzten Ländern waren jüdische Menschen durch Zwangsarbeit und Vernichtung dem Tode geweiht und denen, die sich durch Flucht diesem Schicksal entziehen wollten, blieb die Tür verschlossen.

Mein Heimatland Polen war um die Jahreswende 1938/39 noch ein freies Land. Ich fragte mich in diesen Monaten immer öfter, werden die Westmächte, Frankreich und Großbritannien, zu ihrer Zusage stehen, Polen vor einer Aggression Hitler-Deutschlands zu schützen? Im Falle von Österreich hatte London den Machthabern in Berlin zu verstehen gegeben, dass man nicht intervenieren werde. Hitler hatte also im Grunde freie Hand für den Anschluss. Kurze Zeit danach löste Hitler die tschechoslowakische Krise aus. Sie sollte Monate lang die politisch-diplomatische Bühne Europas beherrschen. Auf der Münchner Konferenz vom September 1938 ließ Großbritannien erkennen, dass man wegen territorialer Forderungen in der Tschechoslowakei keinen

Krieg riskieren werde. Am 15. März 1939 besetzten deutsche Truppen Prag. Mit der Errichtung des Protektorats um Böhmen und Mähren war nun auch die Tschechoslowakei von der politischen Landkarte Europas verschwunden und die Slowakei zu einem Vasallen des Dritten Reiches dekretiert. Wie die deutschen Juden bereits seit 1933, so waren nun auch die Juden in Österreich und in der Tschechoslowakei den Nazis und ihrer Verfolgung ausgeliefert, sofern sie sich nicht rechtzeitig ins sichere Ausland absetzen konnten.

Im August 1939, wenige Wochen vor dem Überfall auf Polen und dem Ausbruch des Zweiten Weltkrieges schrieb ich an die polnische Zeitschrift „Signaly“ einen Leserbrief. Als aufgeweckter und allseits interessierter Gymnasiast war ich ein regelmäßiger Leser dieser Zeitschrift, die sich mit politischen, kulturellen und literarischen Themen befasste. Sie erschien in Lemberg und publizierte zu jeder einzelnen Nummer eine Beilage für die junge Generation. Ich schrieb, dass sich über unseren Köpfen eine Katastrophe ungeahnten Ausmaßes zusammenbraue und Europa vor dem Abgrund stehe. Ich habe bis heute nicht in Erfahrung bringen können, ob mein Beitrag je die Redaktion der Zeitschrift erreicht hat und ob er überhaupt jemals gedruckt werden konnte. Die unmittelbaren Wochen vor Ausbruch des Krieges waren auch in Polen inzwischen von Unrast und banger Sorge bestimmt. Einige Jahre später begegnete ich auf dem Appellplatz des Konzentrationslagers einem polnischen Häftling, der wie ich diese Zeitschrift kannte und schätzte. Er hat wie ich überlebt, und mit ihm verbindet mich bis heute eine freundschaftliche Beziehung.

Die Nachrichten der Jahre 1938/39 über das Schicksal der Juden in Deutschland, in Österreich und in der Tschechoslowakei wirkten lähmend auf mich und meine Angehörigen. Meine beiden Brüder Chaim und Pinchas meldeten sich als Freiwillige in die polnische Armee. Je bedrohlicher und auswegloser das politische Umfeld wurde, umso mehr fühlte ich mich meiner Familie und der Schulgemeinschaft in Tschenstochau verbunden. An den humanistischen Werten der europäischen Zivilisation und am Glaubensgut meiner Religion hatte ich keine Zweifel. Je stärker ich erfahren musste, wie diese Werte mit Füßen getreten wurden und von der Vernichtung bedroht waren, erfüllten sie mich mit Zuversicht und Entschlossenheit. Ich konnte und wollte nicht glauben, dass die Herrschaft des Bösen unbesiegbar bleiben sollte. Mit meinen 14 Jahren war ich 1939 längst meinem jugendlichen Alter entwachsen, und die Umstände zwangen mich, als Erwachsener zu denken und zu handeln.

2. Kapitel
Krieg – Haft – KZ

Am 1. September 1939 begann mit dem Überfall auf Polen der Zweite Weltkrieg. Über die gesamte Länge der Grenze von der Ostsee im Norden bis zur slowakischen Grenze im Süden drangen deutsche Truppen nach Polen ein und zerstörten in wenigen Wochen die polnische Armee. Die Polen kämpften tapfer gegen die deutschen Eindringlinge; auch meine beiden Brüder Chaim und Pinchas, die sich bei der Mobilmachung freiwillig zum Militär meldeten, kämpften an der Seite der Polen, um das bedrohte Vaterland zu verteidigen. Aber bei der militärischen Überlegenheit der Deutschen hatte das Land keine Chance, lange Widerstand zu leisten. Warschau konnte bis zum 27. September gehalten werden. Ostgalizien war bereits am 12. September gefallen.

Am ersten Kriegstag überrollten deutsche Truppen auch unsere Stadt. Wir flüchteten in den Keller, um uns vor den Bomben der deutschen Luftwaffe zu schützen und um uns dem Zugriff der Deutschen zu entziehen. Auch über Myschkow wurden Bomben abgeworfen. Erste Todesopfer und Verletzte waren zu beklagen. Die deutsche Minderheit in unserer Stadt sympathisierte offen mit den vorrückenden Verbänden, und es kam sehr bald zu Denunziationen von missliebigen Mitbürgern. Unvergessen bleibt mir der Schock, den ich empfand, als ich auf den Straßen erstmals deutsche Soldaten in schwarzer Uniform sah mit dem Zeichen des Totenkopfs.

Als der Zweite Weltkrieg begann, war ich gerade erst 14 Jahre alt, ein Jugendlicher; aber ich empfand mich als erwachsen. Zusammen mit Gleichaltrigen schmiedete ich Pläne für eine Flucht in den Osten, nach Rumänien oder in die Sowjetunion. Dass es dazu nicht kam, lag daran, dass ich an Diphtherie erkrankte, einer Krankheit, die für mich lebensgefährlich war. Eine normale medizinische Versorgung war längst unmöglich geworden. Dank seiner guten Kontakte, die mein Vater immer zu den polnischen Nachbarn hatte und immer noch hielt, konnte er einen Arzt auftreiben, der mir das Leben rettete. Dieser besorgte aus einer herrenlosen Apotheke – die Eigentümer waren vertrieben oder geflüchtet – das lebensrettende Serum. Nach Tagen hohen Fiebers und der Gefahr des Erstickens kam ich langsam wieder auf den Weg der Besserung. Als der Arzt von meinen Fluchtplänen erfuhr, riet er mir dringend davon ab, weil er befürchtete, dass ich die extremen Strapazen einer Flucht nicht durchstehen würde. So blieb ich denn bei meinen Eltern und Angehörigen, verwarf meine Fluchtpläne und versuchte, mein Leben halbwegs erträglich zu gestalten. Behilflich war mir dabei mein Studium im Untergrund, nachdem das Gymnasium von den Nazis geschlossen wurde. Weder unsere Lehrer noch wir Schüler gaben uns geschlagen. Lehrer und Schüler trafen sich regelmäßig in kleinen Zirkeln, um im Untergrund den verbotenen Unterricht weiter zu führen. So pendelte ich weiter, wenn auch nicht mehr täglich, zwischen Myschkow und Tschenstochau hin und her. Dadurch wurde ich mit der Gegend sehr vertraut. Ich kannte die einzelnen kleinsten Wege. Dies sollte mir später zugute kommen, als ich mich dem jüdischen Widerstand im Untergrund anschloss.

Ein halbwegs normales Leben, vor allem für uns Juden, war nach Kriegsausbruch nicht mehr möglich. Von Tag zu Tag wurde mir bewusster, wie sehr wir in einer ausweglosen Situation steckten. Ich erlebte Willkür und Terrorakte. Jüdische Einrichtungen wie Synagogen und Schulen, Geschäfte und Betriebe wurden geplündert, angezündet und zerstört. Uns Juden wurde verboten, in normalen Geschäften einzukaufen. Um uns die gesellschaftliche Ausgrenzung besonders deutlich vor Augen zu führen, wurden wir gezwungen, Armbinden mit dem Davidstern zu tragen. Wir mussten niedrigste Arbeiten verrichten, die in besonderer Weise verdeutlichen sollten, wie sehr wir an den äußersten Rand der Gesellschaft geraten waren.

Der von den Deutschen besetzte Teil Polens wurde in zwei Gebiete aufgeteilt; der eine Teil wurde dem Reich angegliedert, der andere unter die Kontrolle des Generalgouvernements gestellt. Myschkow wurde dem Großdeutschen Reich zugeschlagen. Unweit der Ortsgrenze begann das Generalgouvernement. In den vom Reich annektierten Gebieten sollten die Juden und die polnische Intelligenz entweder liquidiert oder eingesperrt oder in das Generalgouvernement ausgewiesen werden. Die „primitiven Polen" – so die Terminologie der Nazis, sollten als Wanderarbeiter in den allgemeinen Arbeitsprozess eingegliedert werden. Für die Juden war geplant, sie in Ghettos zusammenzufassen, um eine bessere Kontrolle über sie zu haben und um sie später abschieben zu können. Das Generalgouvernement, das sich von Warschau im Norden bis zur rumänischen Grenze im Süden und von Krakau im Westen bis weit über Lemberg im Osten erstreckte, sollte jene Region werden, in der die „Endlösung der Judenfrage" ab 1942 auf die eklatanteste Weise zum Ausdruck kam.

Meine Familie entwickelte sich bereits in den ersten Kriegsmonaten zu einer konspirativen Zelle. Man traf sich mit Gleichdenkenden, tauschte wichtige Informationen aus und hielt enge Kontakte mit dem jüdischen Untergrund. Mir fiel die Rolle eines Nachrichtenkuriers zu, nachdem ich seit meinem 11. Lebensjahr Mitglied von „Haschomer Hazair" war. Ich schleuste Briefe, Botschaften und Menschen über die Grenze zwischen dem Reich und dem Generalgouvernement. Je größer die Repression der Besatzungsmacht gegenüber der jüdischen Bevölkerung wurde, umso mehr fand der Widerstand Zulauf, umso wichtiger wurde es für die einzelnen Widerstandsgruppen, Verbindungen miteinander zu knüpfen und aufrecht zu erhalten. Eines Tages erhielt ich den Auftrag, einen bedeutenden Vertreter des jüdischen Untergrunds über die Grenze zu bringen, Josef Kaplan. Kaplan war Kommandeur des jüdischen Untergrunds in Warschau und Mitbegründer des Zydowska Organizacja Bojowa (ZOB). Er stammte aus einer armen Familie in Kalisz in Westpolen und erhielt eine streng religiöse Erziehung. Schon in seiner Jugend fühlte er sich zu säkularer Bildung und Kultur hingezogen und schloss sich der zionistischen Jugendorganisation „Haschomer Hazair" an. In den 30er Jahren zählte er zu den wichtigsten Führungspersönlichkeiten dieser Organisation. Mein Bruder Chaim war mit ihm sehr befreundet. Beide hatten sich nach der polnischen Niederlage nach Litauen abgesetzt, wo sie für den jüdischen Untergrund tätig waren. 1940 kehrte Kaplan aus Wilna in das von den Deutschen besetzte Polen zurück, um sich um die Untergrundtätigkeit des Verbandes „Haschomer Hazair" zu kümmern. Er veröffentlichte und verteilte Untergrundzeitungen und vertrat seine Organisation bei den übergeordneten jüdischen Untergrundinstitutionen.

Bis in den Sommer 1940 lebte ich mit Eltern und Geschwistern in unserem Haus. Eines Tages erschien eine Sondereinheit der Gestapo und wir mussten innerhalb kurzer Zeit das Haus und all unser persönliches Hab und Gut zurücklassen. Ich hatte eine Briefmarkensammlung, auf die ich stolz war und die ich sehr gehütet habe. Auch die nahmen sie mir weg. Zwei Sackstraßen in unserer Stadt wurden zum Ghetto erklärt. Um die brutale Wirklichkeit eines Ghettos zu vertuschen, sprachen die Nazis von „jüdischen Wohnbezirken". Dort lebten wir von nun an mit den anderen jüdischen Familien auf äußerst engem Raum zusammengepfercht. Da und dort gelang es meinem Vater, Schneiderarbeiten zu verrichten. Mit deren Erlös erleichterte er uns das Überleben. Dank seiner guten Kontakte zu den Polen im Ort ist es ihm auch gelungen, dass uns manchmal lebenswichtige Dinge zugeschoben wurden. Auch zum katholischen Ortspfarrer unterhielt er gute Beziehungen. So erfuhren wir trotz unserer Zwangslage im Ghetto immer wieder von den polnischen Bürgern Hilfe und Unterstützung. Während mein Bruder Chaim im fernen Wilna in Sicherheit war, kam Pinchas 1941 in ein Zwangsarbeitslager in der Nähe von Oppeln. Mit ihm hatte ich sporadische Verbindung, nicht offiziell, sondern geheim über den Untergrund.

Am 22. Juni 1942 wurde Myschkow „judenrein" gemacht, wie es nach damaligem offiziellem Sprachgebrauch hieß. Mein Vater hatte kurz vorher erfahren, dass die Vertreibung der Juden aus der Stadt bevorstand. Ein polnischer Nachbar versteckte meine Angehörigen für einige Zeit und rettete sie so vor dem Zugriff der SS. Sie waren die einzigen Juden, die für geraume Zeit noch in Myschkow lebten, natürlich in der ständigen Angst, entdeckt zu werden. Und so entschlossen sie sich einige Zeit später, freiwillig in das Ghetto Zawiercie zu gehen. Im September 1943 wurde auch dieses Ghetto aufgelöst und liquidiert. Die meisten der dort lebenden Juden wurden nach Auschwitz transportiert, wo sie vergast und ermordet wurden. Unter ihnen waren meine Mutter und die zwei Schwestern sowie der jüngste Bruder Benjamin.

Ermordet wurden mein Vater und mein Bruder Pinchas bereits einige Monate vorher im März 1943. Nach ihrer Verhaftung brachte man die beiden in das Lager Parzymiechy. Bereits am dritten Tag nach ihrer Einlieferung wurden Vater und Bruder am Rande einer Kiesgrube exekutiert. Den Grund ihrer Verhaftung und ihrer Exekution weiß ich bis heute nur in groben Umrissen. Allen Recherchen zufolge vermute ich,

Meine beiden Schwestern Rosa und Fela im Frühjahr 1942; Autor im Hintergrund. Beide Schwestern wurden im September 1943 in Auschwitz ermordet.

Mein Vater Shlomo und mein Bruder Pinchas (unten) wurden im März 1943 in Lipie nahe von Tschenstochau exekutiert.

Der Autor im Alter von 17 Jahren kurz vor der Verhaftung am 22. Juni 1942

dass sie wegen konspirativer Tätigkeit im Untergrund ermordet wurden.

Ich selbst wurde wenige Tage nach meinem Abitur und einen Tag vor meinem 17. Geburtstag am 22. Juni 1942 bei einer meiner Grenzgänge von der Polizei aufgegriffen und verhaftet. Seit Kriegsbeginn habe ich zahlreiche Kurierdienste über die Grenze zwischen dem Deutschen Reich und dem Generalgouvernement unternommen. Um mich zu tarnen, trug ich einen Kleppermantel und eine Dienstmütze des deutschen Zolls. In der Regel führte ich meine Grenzgänge bei Regen oder schlechtem Wetter aus, da ich wusste, dass die Zöllner dann in ihrem Wachhaus blieben und eine genaue Kontrolle vernachlässigten. Den Kleppermantel und die Dienstmütze bekam mein Vater von einem deutschen Zöllner, der bei ihm Schneiderarbeiten machen ließ. So konnte ich all die Jahre gut getarnt meine Kuriergänge ohne aufzufallen sicher verrichten und meinen persönlichen Beitrag für die Stärkung der Untergrundtätigkeit leisten. Man brachte mich nach meiner Verhaftung zunächst in eine Fabrikhalle, eine Sammelstelle für aufgegriffene und verhaftete Juden. Dort erlebte ich direkt vor meinen Augen erstmals eine Selektion. Arbeitsfähige Häftlinge wurden auf die eine Seite abkommandiert, alte Menschen, Kinder und Frauen auf die andere Seite. Für die zweite Gruppe war der Weg in die Todeslager von Auschwitz und Treblinka unausweichlich.

Mit meinen 17 Jahren wurde ich zu den arbeitsfähigen Häftlingen abkommandiert. Damit hatte ich zunächst noch die Chance des Überlebens. Freilich nur so lange, als meine Arbeitskraft nutzbar war. Dies wurde mir spätestens bewusst, als ich mit der Wirklichkeit des Zwangsarbeitslagers konfrontiert war. Die Arbeitsverhältnisse waren äußerst hart und erniedrigend, die Wohnverhältnisse elend und die Ernährung unzureichend. Individuelle und kollektive Strafmaßnahmen waren an der Tagesordnung. Quälereien, gezielte Demütigungen und demonstrative Verachtung sollten das Selbstwertgefühl der Häftlinge nachhaltig beeinträchtigen. Ich erlebte eine abnorme Wirklichkeit, von der ich vorher nur nebelhafte Vorstellungen haben konnte, und eine totale Umkehr der Werte. Für die SS hatten die Arbeitslager einen doppelten Zweck: Sie lieferten billige Arbeitskräfte und sorgten für die Vernichtung der Juden durch „natürlichen Tod“. Drei Jahre sollte ich in diesem „Reich des Todes“ leben.

Von Juni bis Dezember 1942 war ich im Lager Ottmuth in Oberschlesien. Dort wurde ich für den Bau der Reichsautobahn eingesetzt. In welcher Welt und Umgebung befand ich mich plötzlich. Noch vor wenigen Wochen bereitete ich mich auf das Abitur vor und nun wurde ich täglich zu härtester Zwangsarbeit getrieben. Nach einem 12-stündigen Arbeitstag kehrte ich am Abend müde und erschöpft in das Lager zurück. Der einzige Trost in diesen Monaten war, dass ich in diesem Lager auf einige Mithäftlinge stieß, die wie ich aus Myschkow stammten und die ich kannte. Dies linderte meine totale Verlassenheit ein wenig. Es ist schwer zu beschreiben, wie dankbar man in einer solchen Zwangslage war, wenn man einen Blick erhaschen oder ein paar Worte wechseln konnte. Solche Augenblicke gaben mir immer wieder die Kraft, nicht zu verzweifeln.

In diesem Zusammenhang möchte ich an eine Begebenheit erinnern, die sich im Lager Ottmuth zugetragen hat. Eines Tages hieß es auf dem Appellplatz: wer sich schwach fühlt und wer sich den täglichen Anstrengungen am Arbeitsplatz nicht gewachsen glaubt, der möge sich melden. Es wurde in Aussicht gestellt, dass diejenigen, die sich meldeten, in ein anderes Lager verbracht werden, wo die Arbeitsbedingungen nicht so hart sind. Ich in meiner Naivität und Unwissenheit meldete mich zusammen mit einem Freund. Ich wusste damals schon, dass die Nazis vor nichts zurückschreckten, wenn es darum ging, Juden zu vernichten. Aber ich hatte noch keine Ahnung von dem teuflischen Zynismus, den die Gestapo ausübte. Mein Freund und ich wurden zwar auf die Liste für ein anderes Lager gesetzt, aber als der Abtransport stattfand, waren wir nicht dabei. Später erfuhr ich, dass der Lagerälteste Haubenstock uns beide von der Liste gestrichen hatte. Er wusste offenbar um das Täuschungsmanöver, das hinter dieser Aufforderung stand. Alle diejenigen, die sich meldeten, wurden nicht in ein Lager gebracht, in dem leichtere Arbeitsbedingungen bestanden, sondern sie wurden geradewegs in die Gaskammern geschickt. Unser Leben war nur solange erhaltenswert, als wir in der Lage waren, unsere Arbeitskraft zur Verfügung zu stellen. Ich erwähne diese Begebenheit auch deshalb, weil sie deutlich macht, wie viel menschliches Mitgefühl unter den Häftlingen herrschte. In dieser tiefen Finsternis, in der man nichts mehr zu verlieren und zu erwarten hatte, gab es immer wieder solche Momente großer menschlicher Solidarität.

Im Dezember 1942 wurde ich vom Lager Ottmuth in das Zwangsarbeitslager Masselwitz bei Breslau überstellt. Dort wurde mir erstmals in aller Deutlichkeit bewusst, dass die Juden die geringsten Chancen des Überlebens haben sollten. Mit meinen eigenen Augen musste ich sehen, wie Menschen in brutalster Weise zu Tode gebracht wurden, wenn ihnen die körperlichen Kräfte nach zwölfstündiger Schwerstarbeit versagten und sie erschöpft am Boden lagen. Man schleppte sie in das Revier, wo man sie mit einem Wasserschlauch erstickte oder ihnen eine Spritze direkt ins Herz gab. Eine besondere Art des Tötens war mit dem Stiel eines Spatens. Konnte sich ein Häftling aus Schwäche vom Boden nicht mehr erheben, so hat man ihn mit dem Stiel eines Spatens so lange am Hals traktiert, bis die Gurgel brach, und der Erstickungstod eintrat.

Zu diesen täglichen Bildern des Grauens und des Mordens kam die innere Bedrängnis, die Resignation, die Verlassenheit, die Einsamkeit. Und doch bewahrte ich mir in solch schwierigen Situationen ein Stück

Hoffnung und den Willen, für mein Leben zu kämpfen. Gewiss war der chronische Hunger belastend, aber er war beherrschbar, wenn man die Hoffnung nicht aufgab und mochte sie noch so gering sein. Wie aber der Resignation und der inneren Einsamkeit entgehen? Es ist unter normalen Umständen gar nicht nachvollziehbar, wie tröstend es für mich in solchen extremen Situationen war, mir ein Gedicht in Erinnerung zu rufen eines der großen polnischen Dichter, wie ich es in der Schule gelernt hatte. Zu keiner Zeit meines Lebens habe ich den Wahrheitsgehalt des Satzes, dass man stirbt, wenn man keine Hoffnung mehr hat, so direkt und persönlich erfahren.

Für die Häftlinge in den Lagern wurde ein spezielles Strafsystem eingeführt und praktiziert, dass das Sklavendasein besonders unterstreichen sollte. Die geringsten Vorkommen wurden mit Strafen belegt. An der Tagesordnung war die Prügelstrafe. Der Häftling hatte sich über einen simplen hölzernen Bock zu legen, die Füße in einem Kasten fixiert und die Arme nach vorne gestreckt, sodass sein Körper gespannt war. Dann erhielt er 25 Hiebe auf das Gesäß; oft zielten die Schläge auch auf die Nierengegend, was besondere Schmerzen auslöste. Der Häftling war für das Zählen der Schläge verantwortlich und wenn er sich irrte, musste er mit dem Zählen von vorne beginnen. Wenn das Prügeln zu Ende war, musste der Häftling sich erheben, Habachtstellung einnehmen und erklären, dass er seine Strafe erhalten habe. Die Prügelstrafen wurden vor den Augen aller Häftlinge vollzogen. Eine medizinische Versorgung nach schweren inneren Verletzungen war selten; die meisten starben an den Folgeerscheinungen der Prügelei. Die Prügelstrafe war nicht die einzige Strafform, die sich die Nazi-Schergen ausgedacht hatten. Es gab noch viele andere Varianten von Strafaktionen. Die teuflische Phantasie der Nazis war diesbezüglich grenzenlos.

Es fällt mir heute noch schwer, mich an die Jahre der Zwangsarbeit und des KZ-Lebens zu erinnern. Tröstlich für mich in diesen Jahren der Zwangsarbeit war, dass ich in den Lagern immer wieder auf Mithäftlinge stieß, die mir ihr Vertrauen schenkten und denen ich vertrauen konnte. Für jemanden, der nicht eine vergleichbare Situation erlebte, ist es schwer, sich vorzustellen, was es bedeutet, auf solche Menschen zu stoßen. Es gibt nachweisbare und verlässliche Erkenntnisse, dass die Todesrate in den ersten Monaten in den Lagern besonders hoch war.

Die tägliche Arbeit war schwer und die Essenrationen waren klein. Die Baracken, in denen wir nachts schliefen, waren verwanzt und verlaust und die hygienischen Bedingungen unbeschreiblich. Um mich herum erlebte ich ein ständiges Sterben. Wenn einem der Häftlinge am Abend auf dem Weg ins Lager die Kräfte versagten nach einem zwölfstündigen Arbeitstag, dann gaben ihm meist die Aufseher noch den Rest. Stundenlanges Strammstehen auf dem Appellplatz, auch bei den niedrigsten Temperaturen im Winter, zehrte an den Kräften und so mancher erfror oder fiel aus Schwäche tot um. Schikanen jeder Art waren an der Tagesordnung. Begriffe wie unmenschlich und katastrophal reichen nicht aus, um die Wirklichkeit des Lagerlebens zu beschreiben. Am schlimmsten für mich war das Gefühl der Verlassenheit, des totalen Ausgesondertseins aus der Zivilisation. Informationen oder Nachrichten von draußen waren unmöglich. Kein Lebenszeichen von den Angehörigen, von den Eltern, Geschwistern und Freunden. Eine menschliche Düsternis sondergleichen legte sich auf meine Seele und auf mein Gemüt. Und trotzdem wollte ich nicht aufgeben, stieg in mir immer wieder der Drang auf, zu überleben. Solche Momente waren Lichtblicke in der Finsternis, die mich umgab. Unser Horizont endete am Stacheldraht des Lagers. Ich erfuhr, dass es richtig ist, wenn es heißt: Die Hoffnung stirbt zu allerletzt.

In diesen Jahren der äußeren und inneren Bedrängnis erfuhr ich die Kraft und den Trost, der aus dem Glauben und der Religion erwachsen kann. Mich haben Glauben und Religion stark gemacht und in mir die Fähigkeit geweckt, die Hoffnung auf ein Leben nach der Hölle nicht aufzugeben. Ich war dankbar, dass mir meine Eltern von früher Kindheit an den Blick für das Spirituelle geöffnet und geschärft haben. Nach meiner Befreiung hat man mich oft gefragt: „Wo war in der Welt der Konzentrationslager für Sie Gott?“ Meine Antwort war stets einfach und kurz: „Wie kann man Gott verantwortlich machen für das, was Menschen erfinden und anrichten“.

Im Konzentrationslager Dyhernfurth, wohin ich im Dezember 1943 verbracht wurde, begegnete ich einem polnischen Mithäftling, mit dem ich mich anfreundete. Wir entwickelten ein tiefes gegenseitiges Vertrauen. Er studierte vor seiner Haft an der Jagellonen Universität in Krakau. Wie ich, überlebte er und lebt heute in Brüssel. Er ist Professor für Slawistik an der dortigen Universität. Marian Pankowski habe ich für Jahrzehnte aus den Augen verloren, nachdem ich im Juni 1944 in das Lager Langenbilau verlegt wurde. In seinem Essay „*Von Auschwitz nach Belsen*" beschreibt er seine Haftzeit und auch die Begegnung mit mir im Lager und Jahrzehnte danach in München. Ich zitiere aus seinem Essay:

„Als Simon während des Appells aufgerufen wurde, wusste ich nicht, was ich ihm sagen sollte. Ich klammerte mich an einfache Worte und wiederholte: Dies ist ein normaler Transport. Sie bringen euch in eine Fabrik oder auf den Bau. Du wirst schon sehen, ein normaler Transport und – fügte ich hinzu – selbst wenn die alliierten Bomben... so ist das noch immer kein Gas und nicht der Schornstein.

Als sich die Häftlingskolonne in Richtung Tor bewegte, um den Bahnhof zu erreichen, suchte ich nach Worten, um ihm die den Hals zuschnürende Rührung zu nehmen. Kumpel kam mir in den Sinn. Stubenkamerad. Verbündeter? Nein. Das war es nicht. Das war ausschließlich ideologisch, also nicht umfassend genug. Andere Worte begannen sich Zuhause aufzudrängen, aber die Selbstbeherrschung gewann die Oberhand: ich blieb beim Verbündeten.

Was hatte uns näher gebracht? Derselbe Block, dieselbe Stube. Aber auch die polnische Sprache, derer wir uns mit sinnlichem Vergnügen bedienten. Und vielleicht, dass ich einen dunklen Teint und nussbraune Augen mit dunklen Augenbrauen und Szymek blaue Augen hatte, und was für blaue Augen.

Beide waren wir ideell mit der Lemberger Zeitschrift „Sygnaly" verbunden. Die Radikalität der Zeitschrift, die für die zivile Gleichstellung nationaler Minderheiten kämpfte, gegen die Benachteiligung der Bauern protestierte, stand uns nahe sowie die allgemeine Linie der Artikel, die die faschistischen Neigungen des „Polens der Oberste" angriffen.

An diesem Tag verloren wir uns aus den Augen.

Seither sind viele, viele Jahre verflossen, vergangen und vorübergegangen. Und dann ein Brief aus München. Ein Velinbriefumschlag mit einem Herrn, einem Doktor. Direktor eines großen Krankenhauses als Absender. Mein Szymek! Er hat meine Fährte in einer Zeitschrift aufgespürt. Er ist gerührt, erinnert sich an die „damalige Zeit" und lädt mich ein. Er hat ein Haus, Frau und Kinder.

Ich bin doch im Hotel abgestiegen. Ich habe mich frisch gemacht – französisch ausgedrückt – und bin vor das Hotel getreten, wobei ich pausenlos meine Seidenkrawatte zurecht rückte. Ich hielt Ausschau, woher Szymek wohl kommen würde. Und Szymek kam angefahren. Aus dem mattglänzenden Mercedes stieg ein gut genährter Herr aus. Ich suche Szymeks Augen und finde nur schwere Lider. Er geht in meine Richtung, aber immer langsamer, weil er von seinem cremefarbenen Alpaka-Sakko die Krematoriumsasche abstreift.

Solidarisch mache ich eine symmetrische Geste. Mit den Handflächen reibe ich mein christliches Gesicht ab, um die Blässe loszuwerden, die mich angesichts des Lazarus überkam, der nach dem jüdischen Tod stinkt. Und erst als wir uns wie große Kinder durch die körperliche Nähe beschämt in die Arme fallen, sehe ich seine farbenreichen Augen.

Wir stehen noch immer da. Wenn wir uns bewegen wollen, suchen unsere Füße mit Gewalt nach festem Grund. Da wir zwei auf einer rutschigen Schwelle stehen, eigentlich Hiesige, aber vielleicht eher von dort, aus der Asche, die in unseren Träumen nicht aufhört, durch die Wüste voller Namen zu dröhnen.

Wir sind jetzt am Haus. Für alle Freundlichkeit der heutigen Welt offen. Die Frau, die Tochter und der Sohn. Sie schauen mich an, den zweiten Geretteten von der Flammeninsel. Sie sehen eine graue Illustration, die gerade zu einer Reportage über Seelenstärke und Kampf, Leiden und Hingabe passt. „Dieser Professor hier und mein Vater, sie haben d a s dort überlebt" – wird die Tochter denken.

Szymek und ich sehen, wie die Lebenden uns betrachten. Wir hören, dass die Stille durch sie entstand. Und wir wissen, wie schrecklich dumm sie sich vorkommen, weil sie uns nicht genau einordnen können.

Zum Glück erhebt sich langsam die schöne Tochter, langsam, und lehnt ihre Hüfte an den Arm ihres Vaters. Ihre Hand umfasst zart seinen Nacken. Nur ein paar Sekunden, nicht länger, voll von weiblicher mildernder Schönheit und Fröhlichkeit, weil sich Szymek, wie erwacht, vom Tisch erhebt, bläulich, nach Leiche stinkend und nackt. Die nicht ganz abgetrennte Hand streckt er über den Tisch, weil er eine lachsfarbene Rose von einem weißen Teller greifen will. Auch ich wurde nicht von einer Stiefmutter aufgezogen. Ich stehe auf, nackt, nicht entlaust, die Hände kreuze ich über mein unbeschnittenes katholisches Geschlecht und möchte eigentlich ein Glas Sekt erheben … aber wie dann gleichzeitig das Einschussloch im Hinterkopf bedecken?

Die Lebenden tun fürchterlich so, als ob sie nicht wüssten, dass nichts passiert ist, dass wir weiter gehen und uns schwer auf die Fresserei stürzen. Trotzdem ist es still. Dies ist noch nicht die sprichwörtliche Gelegenheit für den Engel, um mit seinem Flug direkt über uns anzugeben. Dies ist … die Kluft in der Zeit auf ihrer Erde, die durch unsere Nacktheit hervorgerufen wurde, durch unseren Brandgeruch, den sie in keine Metapher zu kleiden wissen.

Sie stehen schnell vom Tisch auf, wobei sie vorgeben, sie glaubten, dass wir die Häppchen und Schlückchen ihrer Wirklichkeit wollen: also stellen sie uns weiterhin Teller unter die Nase … aber auf Distanz, um die Grenze nicht zu überschreiten, über die die Allee direkt in die Krematorien führt, über denen in Scharpien der monotheistische Himmel hängt.“

Im Konzentrationslager Dyhernfurth bekam ich die Häftlingsnummer 15 661. Mit der Registrierung und Zuteilung von Nummern wollten die Nazis zum Ausdruck bringen, dass wir für sie namenlose Wesen geworden waren, zu Unpersonen, jenseits aller persönlichen und menschlichen Würde. Meine Registrierung nahm ein deutscher politischer Häftling vor. Ich weiß nur noch, dass er mit Vornamen Theodor hieß. Er stellte mir die eine oder andere Frage, zum Beispiel die, was ich vor der Verhaftung gemacht habe, ob ich mich politisch betätigt habe und welcher politischer Richtung ich mich zurechne. Mir schien, dass wir politisch auf der gleichen Welle lagen. Zum Schluss unseres Gesprächs sagte er zu mir: „Ich werde schon aufpassen auf dich, du gehst nicht ein!“ Er war schon ein älterer Jahrgang, während ich zu den Jüngsten im Lager zählte. Vielleicht dachte er: ein so junges Leben in einer so ausweglosen Situation. Ich hatte den Eindruck, dass er in diesem Augenblick ein gewisses Mitgefühl mit mir hatte. Solche Momente waren Lichtblicke für mich, weil sie zum Ausdruck brachten, dass man doch nicht ganz allein auf sich gestellt war.

Solche Erfahrungen festigten in mir den Wunsch zum Überleben. Ich war inzwischen zutiefst davon überzeugte, dass ich dem Tod nur entkommen konnte, indem ich mir den Lebenswillen nicht brechen ließ. Die Vernichtungswut der SS lernte ich hinreichend kennen und den Tod zu fürchten, habe ich aufgehört. Was blieb mir anderes als dem „Reich des Todes“ meinen Lebenswillen gegenüber zu stellen. In keiner Zeit meiner dreijährigen Haft dachte ich an Selbstmord. Nein, ich wollte leben. Noch war ich keine 20 Jahre und warum sollte ich sterben? Mein Leben hingeben für ein politisches System, das das Leben auf die schändlichste Weise verachtet?

Der geistige Horizont eines Zwangsarbeitslagers endete am Stacheldraht. Der tägliche Arbeitseinsatz außerhalb des Lagers war streng bewacht und jeder Versuch, Kontakte mit der Außenwelt zu knüpfen, wurde mit rigiden Strafmaßnahmen bedacht. Aber das schreckte nicht ab. Die totale Isoliertheit von der Außenwelt war ein bewusst eingesetztes Instrument der Willkür und der Manipulation. Niemand von uns sollte erfahren, wie es denn um die Wirklichkeit außerhalb des Konzentrationslagers stand. Von dieser Wirklichkeit zu erfahren war ein bedeutsames Moment der Überlebensstrategie. Ich arbeitete auf einer Baustelle und ich konnte beobachten, dass die Aufseher ihre mitgebrachte Brotzeit in Zeitungspapier gewickelt hatten, das sie als Abfall auf der Baustelle zurückließen. In unbeobachteten Momenten sammelte ich die Zeitungsreste und schmuggelte sie ins Lager. Das ging eine Zeit lang gut, aber eines Tages wurde ich ertappt.

Und das kam so: Viele Mithäftlinge funktionierten leere Zementsäcke zu einer Art Unterhemd um, damit sie besser gegen Nässe und Kälte geschützt waren. Natürlich war auch das verboten. So machten die Aufseher bei der Rückkehr ins Lager regelmäßig Stichproben, indem sie mit einem Stock auf die Häftlingskleidung schlugen. Raschelte es, dann war man ertappt. So erwischte man auch mich; ich hatte zwar keinen Zementsack am Leib, wohl aber gesammelte Zeitungsreste. Wir waren alle äußerst hungrig nach Informationen und Nachrichten von draußen. Daraus konnten wir Schlüsse ziehen, beispielsweise über den Verlauf der Front und über die Kriegslage insgesamt. Und wir konnten dann abschätzen und analysieren, wie lange wir den NS-Schergen noch ausgeliefert bleiben würden.

Nun war auch ich an der Reihe, den berüchtigten und gefürchteten Bock über mich ergehen zu lassen. Ich wusste, dass viele Häftlinge diese Strafmaßnahme nicht überlebten. Aber was blieb mir übrig. Es gab keinen Ausweg. Als ich auf den Bock gebracht wurde, da dachte ich nur an eines: Sein oder Nichtsein. Ich kann nicht erzählen, was mir in diesen Minuten durch den Kopf ging. Ich empfand mich ausgeliefert und preisgegeben. Werde ich bei nacktem Körper die 25 Schläge überleben oder wie viele vor mir qualvoll sterben. Ich weiß nicht mehr, ob ich beim 10. oder 12. Schlag in Ohnmacht fiel. Nur eines weiß ich, dass ich in diesen Minuten folgendes Stoßgebet sprach:

Awinu malkenu Hanenu w'aneinu ki ein banu maasim. Ase imanu cdaka w'hesed whoschienu.

Vater, sei uns gnädig und erhöre uns. Darum hab Erbarmen und übe Gnad an uns, Hilf uns mit deinem Heile.

Die Ohnmacht hat mir geholfen, nicht zu reden. Es ist schwer über Widerstand zu sprechen und noch schwerer ist es, im Widerstand zu kämpfen; am allerschwersten ist es, dafür zu leiden und zu sterben.

Die Ohnmacht hat mich gerettet, ein Geständnis abzugeben. Man wollte von mir wissen, warum ich die Zeitungsreste in das Lager gebracht habe und welche Absicht ich damit verband. Aber ich konnte schweigen, weil ich auf dem Bock das Bewusstsein verlor.

Dass ich das alles überstanden habe, den Bock, die Schläge und die Ohnmacht, ohne auch nur ein Wort über mein konspiratives Wissen preiszugeben, das hat mein Ansehen bei vielen Häftlingen gesteigert. Ich erfuhr Anerkennung und Respekt bei denen im Lager, die zu den

Eingeweihten zählten, zu denen, die um alles oder nichts überleben wollten. So bekam ich schon einmal ein Stück Brot oder eine Suppe zugeschoben, damit ich bei Kräften blieb. Ich nahm teil an den politischen Gesprächen, die die Kriegslage analysierten, an Gesprächskreisen, in denen man sich gegenseitig geistig-moralisch aufmunterte, und an Diskussionsrunden, in denen man sich an die Verdienste der Arbeiterbewegung erinnerte und sich gegenseitig Mut machte. Mir kam zugute, dass ich davon vieles von meinen älteren Brüdern Chaim und Pinchas wusste. In diesen innersten Zirkeln des Lagers wurde mir auch bewusst, dass es eine Überlebenschance gab. Je mehr man uns von Seiten unserer Kapos gedroht hatte, dass die Lage für uns aussichtslos sei, desto mehr wussten wir, dass das Naziregime zu Ende ging.

Bei den Aufsehern hatte sich offenbar herumgesprochen, dass in solch geheimen Zirkeln immer wieder die Frage erörtert wurde, wie lange der Krieg noch dauern würde und wo im Osten die deutsch-sowjetische Front verlief. So rief uns eines Tages der Lagerkommandant auf dem Appellplatz zu: „Ihr Büffel, ihr Indianer, ich habe gehört, dass man im Lager darüber spricht, dass die russische Front schon sehr nahe sei, und die Rote Armee siegen würde. Das stimmt nicht; aber sollte es stimmen, dann habt ihr alle längst einen kalten Arsch. Lasst euch das durch den Kopf gehen!“ Dies war eine unmissverständliche Drohung gegenüber all denen, die die wenigen Nachrichten über den Frontverlauf gegenseitig austauschten oder auch gar solche Nachrichten ins Lager hineinbrachten. Mich und meine Gesinnungsgenossen schüchterte diese Drohung nicht ein. Sie schweißte uns noch enger zusammen.

Ende 1943 erkrankte ich im Konzentrationslager Dyhernfurth an Typhus. Ich kam auf die Krankenstation, wo ich mit drei anderen Häftlingen lag. Ungern ließ man sich dorthin verlegen, weil man wusste, dass die SS mit den Kranken kurzen Prozess machten. Eine tödliche Spritze direkt ins Herz machte den meisten Kranken ein rasches Ende. Als der Lagerarzt, der auch ein Häftling war, unsere Station besuchte, verwickelte er uns alle drei in ein Gespräch. Bei mir erkundigte er sich genau nach meiner Herkunft, und was ich denn eines Tages beruflich machen wolle. Ich erzählte ihm, dass ich wenige Tage vor meiner Verhaftung das Abitur ablegte und später einmal gerne Medizin studieren möchte. Am Nachmittag des gleichen Tages bekam ich an meinem rechten Unterschenkel einen Gipsverband. Ich hatte dort weder einen Bruch noch sonstige Verletzungen. Ich war ja an Typhus erkrankt. So lag ich mit meinem Gips in der Station und wusste nicht so recht, wie mir geschah. Zwei Tage später kam unverhofft eine medizinische SS-Kommission auf die Station. Über die drei Mithäftlinge, die mit mir als Typhus-Kranke auf der Station lagen, machten die SS-Ärzte kurzen Prozess. Sie gaben die Anweisung, die drei aus der Station zu entlassen, was soviel bedeutete, wie das Todesurteil in der Gaskammer. Mir rettete der Lagerarzt das Leben, indem er sagte: „Dieser da“ – und auf mich deutend – „hat am Unterschenkel eine große Wunde und wird in zwei bis drei Tagen wieder zum Arbeitseinsatz fähig sein.“

War es Zufall oder eine Fügung; ich wusste es nicht. Nur das wusste ich, dass mir der Gips das Leben gerettet hat und der Arzt, der mir den Gips verpasste. Später sprach ich mit dem Arzt über dieses Geschehen. Er sagte mir, er hätte nur für einen Kranken die entsprechenden Medikamente zur Verfügung gehabt und die wollte er mir wegen meiner Jugend zukommen lassen. Dass ausgerechnet ich derjenige war, der in den Genuss der heilenden Medizin kam, kann für mich nur als Fügung von Gottes Hand betrachtet werden.

Im Juni 1944 wurde ich in das Konzentrationslager „Sportschule Langenbielau“ bei Reichenbach in Niederschlesien gebracht, nachdem ich vorher einige Wochen im Stammlager Groß-Rosen war. Langenbielau stand wie das KZ Dyhernfurth unter dem Kommando Groß-Rosen.

Im letzten Kriegswinter 1944/1945 hielt ich die Durchhalteparolen der Aufseher und Bewacher um den Endsieg für leere Propaganda. Die Rote Armee konnte nicht mehr weit von unserem Lager entfernt sein, denn ich hörte Tag und Nacht Gefechtslärm und Kanonendonner. Das Lager war 80 Kilometer von Breslau entfernt.

Nun trieb mich eine andere Angst um. Ende 1944 traf in meinem Lager ein Häftlingstransport aus Auschwitz ein. Es war einer der zahlreichen Todesmärsche, die die wenigsten überlebten. Ich erfuhr, dass nur die Hälfte der Häftlinge das Lager erreichten. Die andere Hälfte kam auf diesem Fußmarsch um. Die Mitteilungen, die ich von den Überlebenden bekam, waren grauenhaft und unvorstellbar. So fasste ich den

Entschluss, auf keinen Fall an so einem Todesmarsch mitzumachen. Als der Kommandant eines Tages anordnete, dass das Lager in Kürze geräumt werden sollte, oder wie es damals offiziell hieß, evakuiert werden müsse, um Leben zu retten, war mein Entschluss unumstößlich, unter keinen Umständen an einer solchen Aktion teilzunehmen. Ich traf Vorkehrungen für ein Versteck und stellte Überlegungen an, wie ich mich am besten absetzen konnte.

Aber dazu kam es nicht mehr. Beim morgendlichen Appell am 7. Mai erschien mir das Lager wie ausgestorben. Kein Aufseher, kein Bewacher war weit und breit mehr zu sehen. Offenbar hatte sich das Kommando in der vorausgegangenen Nacht abgesetzt, um nicht in die Hände der Roten Armee zu geraten. Lediglich der Kommandant erschien noch auf dem Appellplatz, hob die Hand zum Hitlergruß und murmelte etwas vor sich hin, was ich nicht verstehen konnte. Darauf bestieg er das Motorrad und verschwand. Es verging noch ein Tag, und die Rote Armee rückte in das Lager ein. Dass unser Lager aus Zeitgründen nicht mehr evakuiert werden konnte, rettete den meisten von uns in letzter Minute das Leben.

Nach dem Verschwinden des Kommandanten und vor dem Eintreffen der Roten Armee waren wir uns selbst überlassen. Es herrschte eine aufgeregte Stimmung unter den Häftlingen. Als dann die ersten sowjetischen Soldaten das Lager erreichten, wussten wir, dass wir überlebt hatten und unser nacktes, armseliges Leben gerettet war. Ich war erleichtert, zu denen zu zählen, die wieder eine Zukunft haben sollten.

Mein erstes und wichtigstes Ziel war in diesen ersten Tagen nach der Befreiung, so rasch wie möglich in meine Heimatstadt Myschkow zu kommen. Seit Juni 1942 konnte ich nichts über das Schicksal meiner Angehörigen erfahren. Ich wusste nicht, wo sich meine Familie aufhielt, ob sie noch zusammen und ob sie überhaupt noch am Leben war. So machte ich mich mit einigen, die aus der gleichen Gegend wie ich stammten, auf den Weg nach Hause. Mir ging in diesen Tagen viel durch den Kopf. Werde ich ein Zuhause wieder finden, wenn ich in Myschkow angekommen bin? Oder bin ich allein und verlassen auf mich gestellt? Wie werde ich reagieren, sollte ich erfahren, dass niemand von meiner Familie überlebt hat?

Der Autor im Alter von 20 Jahren nach der Befreiung am 8. Mai 1945 durch die Rote Armee. Auf dem Kopfhaar kann man den glatt geschorenen Streifen, die so genannte „Straße" erkennen

Als ich in Myschkow ankam, begann für mich eine verzweifelte Suche nach der Familie, nach Vater, Mutter und Geschwistern. Schon nach wenigen Tagen war ich mit der Tatsache konfrontiert, dass ich niemanden mehr von ihnen wieder sehen werde. Ich erfuhr, dass mein Vater und mein Bruder Pinchas in der Nähe von Tschenstochau im März 1943 von einem SS-Kommando erschossen wurden und dass meine Mutter und meine zwei Schwestern und der jüngste Bruder in den Gaskammern von Auschwitz umgebracht wurden. Ich war der einzige, der noch lebte. Von meinem Bruder Chaim erfuhr ich erst später, dass er in Palästina eine Zuflucht fand.

Bekannte aus früheren und besseren Zeiten gaben mir bereitwillig Hilfestellung für einen Neuanfang, um in meiner Heimat wieder Fuß zu fassen. Man versuchte mich zu überreden, am Wiederaufbau der zerstörten Stadt und ihrer einst blühenden Industrie mitzuhelfen. Man wollte in mir Heimatgefühle wecken, die es für mich aber nicht mehr gab. Wie sollte ich dort an meiner Zukunft bauen, wo ich nur Friedhöfe und Asche vorfand. Nein, ich musste weg. Von Diktatur und Zwangsarbeit hatte ich genug. Ich wollte dorthin, wo mir demokratische Freiheit und der Aufbau einer bürgerlichen Existenz gesichert schienen. Wieder machte ich mich auf den Weg und schlug mich mit einigen

Bekannten über Pilsen nach Bayern durch, in die amerikanisch besetzte Zone.

Von den Nazis wusste ich, dass wir Juden in den Lagern nur so lange eine Überlebenschance hatten, so lange unsere Arbeitskraft zu nutzen war. Wurde man krank oder schwach, brach man zusammen durch die Schinderei am Arbeitsplatz oder durch Folter, so war man dem Tod geweiht. Ich wusste vom Widerstand der Juden im Untergrund und von dem verzweifelten Versuch, die Alliierten vom Schicksal der Verfolgten in Kenntnis zu setzen. Von einem besonders tragischen Fall möchte ich an dieser Stelle berichten, von Samuel Artur Zygelbojm, einem führenden Mitglied des „Bundes". Zygelbojm floh nach der Besetzung von Warschau nach Belgien. Dort berichtete er bei einem Treffen der Sozialistischen Internationale über die Verfolgung der Juden. Als Belgien von der Wehrmacht besetzt wurde, flüchtete Zygelbojm nach Frankreich und im September 1940 nach New York. Im März 1942 ging er als Mitglied des Nationalrats der Polnischen Exilregierung nach London.

In London erhielt Zygelbojm laufend Berichte über die Judenmorde in Polen. Er wollte diese Berichte nicht für sich behalten und so suchte er nach Wegen, die Weltöffentlichkeit über die Vorgänge in Polen zu informieren. Er mobilisierte Hilfe für die verfolgten Juden und appellierte mit Unterstützung der polnischen Exilregierung an die freien Staaten, vor allem an die Sozialistische Bewegung.

Im März 1942 erreichten Zygelbojm die ersten Informationen über die systematische Vernichtung der Juden in Polen. Er erhielt eine Liste der Ortschaften, wo solche Aktionen stattfanden und Angaben über die genaue Lage der Vernichtungslager. Auf Grund der ihm vorliegenden Informationen schätzte er 1942 die Zahl der bereits getöteten Juden auf 700.000. In einer von der BBC am 2. Juni 1942 ausgestrahlten Rede sprach Zygelbojm von den Juden in den Ghettos, deren Verwandte Tag für Tag in den Tod geschickt würden, und die noch Lebenden würden sich fragen, wann sie an die Reihe kämen. Wörtlich hieß es: „Wir werden uns schämen müssen, weiterzuleben und zur menschlichen Gattung zu gehören, wenn nicht sofort etwas unternommen wird, um diesem größten Verbrechen der Geschichte ein Ende zu machen." Im September 1942 zitierte Zygelbojm in einer weiteren Ansprache aus Berichten, in denen von täglich 7.000 deportierten Warschauer Juden die Rede war.

Im Oktober 1942 traf Zygelbojm den Verbindungsoffizier zwischen dem polnischen Untergrund und der Exilregierung, Jan Karski, der vor seiner Abreise aus Polen eines der Lager gesehen hatte und im Warschauer Ghetto gewesen war. Léon Feiner, eine der führenden Persönlichkeiten im „Bund“, hatte Karski eine Botschaft mitgegeben, in der es u.a. hieß: „Wir wissen, dass man dort in der freien Welt das hier Geschehene einfach nicht glauben kann; deshalb muss die Welt endlich gezwungen werden zu glauben.... Wir sterben hier alle. Sollen sie dort auch sterben! Sie können doch die Amtssitze von Churchill und anderen belagern. Sie sollten dort in Hungerstreik treten und hungern, bis sie auf der Türschwelle sterben. Sie dürfen nicht weichen, bis man ihnen endlich glaubt. Nicht nachgeben, bis man etwas zur Rettung der letzten Überlebenden tut ...“

Nach Karskis Bericht antwortete Zygelbojm: „Das ist doch unmöglich! Wenn ich das mache, kommen zwei Polizisten und nehmen mich wegen Hausfriedensbruchs fest; ich bin sicher, sie bringen mich dann zur psychiatrischen Untersuchung. Das ist einfach unmöglich.“

Immer häufiger und mit zunehmender Dringlichkeit richtete Zygelbojm seine Appelle an die Öffentlichkeit. Seine Hilflosigkeit kam ihm immer deutlicher zu Bewusstsein. Er appellierte an Churchill und Roosevelt und erhob auf den Sitzungen des polnischen Nationalrats schwere Anschuldigungen. In einer Rede in der BBC vom Dezember 1942 erklärte Zygelbojm: „Wenn der Hilferuf der polnischen Juden unbeachtet bleibt, wird Hitler unabhängig vom militärischen Ausgang des Krieges eines seiner Kriegsziele, die Vernichtung der europäischen Juden, erreichen.“

Aus Zygelbojms letzten Briefen an das polnische Büro des „Bundes“ in den Vereinigten Staaten und an seinen Bruder in Australien spricht die Verzweiflung über die Nutzlosigkeit seiner Rettungsanstrengungen. Als die Meldungen von der Ermordung der letzten Warschauer Juden – darunter seine Frau Manya und sein 16-jähriger Sohn Tuvia – eintrafen, nahm sich Zygelbojm am 12. Mai 1943 das Leben.

In Abschlussbriefen an den Präsidenten der polnischen Republik, Wladyslaw Raczkiewicz, und den Ministerpräsidenten der polnischen Exilregierung, Wladyslaw Sikorski, schreibt Zygelbojm unter anderem: „Verantwortlich für die Ermordung sämtlicher polnischer Juden sind in erster Linie die Mörder selbst, indirekt aber auch die ganze Menschheit, die Völker und Regierungen der Alliierten, die bis heute nichts getan haben, um dem Verbrechen Einhalt zu gebieten… Ich kann dazu nicht schweigen. Ich kann nicht weiterleben, während die letzten der polnischen Juden, deren Vertreter ich bin, vernichtet werden. Meine Kameraden im Warschauer Ghetto sind mit der Waffe in der Hand im letzten heldenhaften Kampf gefallen. Mit ihnen zu sterben, war mir nicht vergönnt. Aber mein Platz ist an ihrer Seite und in ihren Massengräbern. Mit meinem Tod möchte ich aufs schärfste gegen die Passivität protestieren, mit der die Welt der Ausrottung des jüdischen Volkes zusieht und sie duldet."

Ich erwähne diese Episode am Schluss meines Berichtes über mein Leben in den verschiedenen Konzentrationslagern, weil sie die Dramatik verdeutlicht und die lähmende Erfolglosigkeit und Ohnmacht derer, die die Weltöffentlichkeit wachrütteln wollten.

1995 traf ich Herrn Karski in Warschau am Umschlagplatz, dem Platz, von dem die Juden während des Krieges nach Treblinka abtransportiert wurden. In unserer Aussprache kam zum Ausdruck, dass die Alliierten unter dem Vorwand der mangelnden Glaubwürdigkeit der Berichte deshalb nicht reagierten, weil sie ihre Kriegsstrategie nicht gefährden wollten.

3. Kapitel
DP-Lager – Rückkehr ins zivile Leben – Studium

Am Ende des Zweiten Weltkrieges befand sich Europa in einem Zustand des Chaos. Eines der Probleme, denen sich die alliierten Armeen gegenübersahen, war die Repatriierung von Millionen von Menschen, die mit Gewalt von den Nazis verschleppt worden waren. Die Lage der jüdischen Überlebenden war besonders schwierig. Als diejenigen, die unter den Nazis am meisten gelitten hatten, betrachteten sie sich vorrangig als Juden. Ihre ehemalige Nationalität war zweitrangig. Unmittelbar nach dem Krieg erkannte die US-Armee die jüdischen Überlebenden nicht als Juden und als eine Gruppe an, die mehr als die anderen gelitten hatten. Als Folge davon war die Behandlung der jüdischen Überlebenden durch die US-Armee wenig sensitiv. Dies führte zu vielen Protesten bis ins Weiße Haus hinein. Diese Proteste veranlassten den damaligen Präsidenten Truman, eine Kommission einzusetzen, die die Behandlung der Verschleppten unter besonderer Berücksichtigung der jüdischen Überlebenden zu untersuchen hatte. Nach Vorlage des Berichtes wies Truman den damaligen Oberbefehlshaber der amerikanischen Truppen in Europa, General Dwight D. Eisenhower an, die Situation zu ändern. In einem Brief schrieb der Präsident: „Wir haben eine besondere Verantwortung für diese Opfer der Verfolgung und Tyrannei, die in unserer Zone leben. Wir müssen der deutschen Bevölkerung klar machen, dass wir die Nazipolitik des Hasses und der Verfolgung zutiefst verachten. Es bietet sich uns dafür keine bessere Gelegenheit, als zu zeigen, wie wir wirklich die Überlebenden in Deutschland behandeln.“ So wurde die amerikanische Besatzungszone in Bayern nach dem Krieg für die meisten befreiten und überlebenden Juden aus dem Osten Europas zu einem großen Durchgangslager. Amerika war für uns Ausgestoßene und Verfolgte die große Hoffnung. In den Vereinigten Staaten lebten viele jüdische Landsleute, die Hilfsorganisationen gründeten, um den Entwurzelten und Heimatlosen Unterstützung zukommen zu lassen. Von den Engländern waren die meisten von uns enttäuscht. Sie haben vor dem Krieg mit ihrer Politik der Beschwichtigung Hitlers Aufstieg begünstigt und seiner Machtpolitik nichts entgegengesetzt. Nach dem Krieg, als Tausende Juden in Palästina ein neues und dauerhaftes Zuhause suchten, waren es wiederum die Briten, die sich der Einwanderung ins Gelobte Land entgegenstellten.

Bayern wurde in den ersten Nachkriegsjahren zum Sammelpunkt der befreiten Juden aus ganz Europa. Im Sommer 1945 kam ich nach München und hielt Ausschau nach einer ersten Bleibe. Um den Tausenden ein Dach über dem Kopf zu verschaffen und sie mit dem Nötigsten zu versorgen, wie Lebensmittel und Kleidung, richtete die US-Armee zahlreiche Camps ein. Die größten Camps waren Föhrenwald in der Nähe von Wolfratshausen, Feldafing am Starnberger See und Landsberg am Lech. Ich kam nach Landsberg und wurde in Block fünf untergebracht. Selbst eine ehemalige SS-Kaserne im Norden von München, in Freimann, diente den Obdachlosen als vorübergehende Bleibe. Der spätere US-Präsident Eisenhower machte dort 1946 einen Besuch, um sich ein persönliches Bild von der Lage zu machen. Organisation und Verwaltung dieser Lager war zunächst in den Händen der US-Streitkräfte; später haben die DP-Lager (Displaced Persons) sich selbst verwaltet.

Wie die Situation im Landsberger Lager 1945 ausgesehen hat, darüber heißt es in einem Bericht der amerikanischen Armee: „Hier in der Stadt Landsberg gibt es ein Lager mit rund 6.000 Männern, Frauen und Kindern. Davon sind rund 5.000 Juden, der Rest gemischt, hauptsächlich Ungarn und Angehörige verschiedener baltischer Völker. Sie sind in einer früheren Wehrmachtskaserne und einigen Holzbaracken am Stadtrand untergebracht. Die Lagerbewohner kommen hauptsächlich aus Konzentrationslagern dieser Gegend, besonders aus Dachau und seinen Außenlagern. Man macht sich keinen Begriff von der Verdrecktheit des Lagers. Hygiene ist praktisch unbekannt. Mir fehlen die Worte für eine treffende Beschreibung. Das Lager wird von einem UNRRA-Team geführt und einigen Vertretern des American Joint Distribution Committee, der jüdischen philanthropischen Organisation der Vereinigten Staaten. Diese Leute haben sehr große Hindernisse überwinden müssen. Die Armee-Einheiten, die wir abgelöst haben, taten nicht mehr, als sicherzustellen, dass Verpflegungsrationen ins Lager geliefert wurden. Mit einigen Ausnahmen scheinen die Leute im Lager demoralisiert, jenseits aller Hoffnung auf Normalisierung. Sie wirken erledigt, sowohl physisch wie psychisch, ohne Hoffnung und ohne Antrieb für die Zukunft. Die meisten Führer unter den Juden scheinen von den Nazis ausgemerzt worden zu sein. Einige wenige Tapfere, die es noch gibt, haben ein Lagerkomitee organisiert, in der Absicht irgendetwas zu tun."

Wie die anderen Lager für „Displaced Persons" in der US-Zone, so war auch Landsberg für viele Menschen gleichen Glaubens, gleichen Schicksals und gleicher Hoffnung eine erste Station. Nach Landsberg kamen in erster Linie Juden aus dem Osten. Die meisten von ihnen kehrten ihrer früheren Heimat den Rücken, weil sie dort keine Heimat mehr finden konnten. Was sie nach ihrer Befreiung fanden, waren Gräber und Friedhöfe.

Ein vorrangiges Ziel in den ersten Monaten in Landsberg war, meinen physischen Zustand soweit herzustellen, dass ich wieder an eine Arbeit oder eine Ausbildung denken konnte. Nach der ersten Euphorie, die die Befreiung und das Überleben in mir geweckt hatten, überfiel mich eine tiefe Melancholie. Der Verlust der Angehörigen in den Todesfabriken, das eigene Erleben von der Vernichtung und dem Auslöschen eines ganzen Volkes, all das machte den meisten von uns und auch mir zu schaffen. Drei Überlebende in meiner unmittelbaren Umgebung verübten aus Verzweiflung Selbstmord. Einer von den Dreien war mir gut bekannt, weil er wie ich aus Myschkow stammte; er hieß David Estreicher. Auch die junge Abiturientin Helena Graubard nahm sich das Leben sowie die Studentin Czerny, deren Vornamen ich vergessen habe. Dass diese drei die Kraft nicht mehr aufbrachten, ein neues Leben zu beginnen, ist mir sehr nahe gegangen. Jakob Olejski, der Leiter des Kulturamtes im Lager, drückte unsere allgemeine Bewusstseins- und Stimmungslage in einer Rede vom 24. August 1945 so aus: „Das jüdische Volk hat während seiner großen und langen Geschichte unzählige Erschütterungen seines nationalen Daseins über sich ergehen lassen müssen, sodass es nicht nur einmal in die große Entscheidung von Sein und Nichtsein gestellt worden war. Allein der jetzige Churban – der Vernichtungsschlag gegen unser Volk, der Zusammenbruch von 1939 bis 1945 – hat nichts ähnliches, sowohl in Form als auch in Ausmaß selbst mit den schlimmsten und tragischsten Ereignissen unserer, an Schicksalsschlägen gewiss nicht armen Vergangenheit, aufzuweisen. Die aufgerissenen Wunden der Überlebenden sind groß. Unsere Reihen sind gelichtet. Wir sind von einer gewaltigen Öde umgeben, die den letzten Rest unserer seelischen Kräfte aufsaugt. Selbst die Sprache unserer Sänger und Propheten ist zu arm, um die Größe der Tragödie in Worte zu fassen."

Das tägliche Leben in Landsberg war bald von zahlreichen Aktivitäten begleitet. Nach einiger Zeit, nachdem die wichtigsten Einrichtungen geschaffen waren, die für das Zusammenleben einer Gemeinschaft von bis zu fünftausend Einwohnern notwendig waren, legten die Amerikaner Organisation und Verwaltung in unsere Hände. Wir gründeten Abteilungen für die verschiedensten Lebensbereiche. Von der Versorgung bis zur Kultur, vom Gesundheitswesen bis zur Sicherheit; alles war vertreten. Ein Fuhrpark sorgte dafür, dass wir mobil waren. Werkstuben und Handwerk schufen die Dinge, die wir am dringendsten benötigten. Auch der Sport, insbesondere der Fußball, sorgte für Abwechslung und Entspannung. Im Fußball wurde Landsberg sogar Meister von allen DP-Sportclubs in der amerikanischen Zone. Ich müsste viele Namen nennen, die sich damals um ein abwechslungsreiches Gemeinschaftsleben große Verdienste erwarben.

Eine bedeutende Rolle für uns spielten damals die kulturellen Veranstaltungen. Vorträge, Diskussionen, Film- und Theateraufführungen gaben uns das Gefühl und das Bewusstsein zurück, wieder in einer zivilen Umwelt zu leben. Erwähnen möchte ich in diesem Zusammenhang den jüdisch-amerikanischen Schriftsteller Leivik, der durch seine Veranstaltungen viel zur Ermunterung der Bewohner beigetragen hat. In Landsberg wurde auch der erste jüdische Film der Nachkriegszeit gedreht, er hieß „Lang ist der Weg". Regie führte der mir gut bekannte Israel Beker.

Einige persönliche Begegnungen sind mir aus dieser Zeit besonders lebendig in Erinnerung geblieben. So die Gespräche mit dem späteren ersten Ministerpräsidenten des Staates Israel, David Ben-Gurion, und dem großen Politiker der Arbeiterbewegung, Zerubawel. Überhaupt war es für uns damals von Wichtigkeit, dass wir in einen intensiven

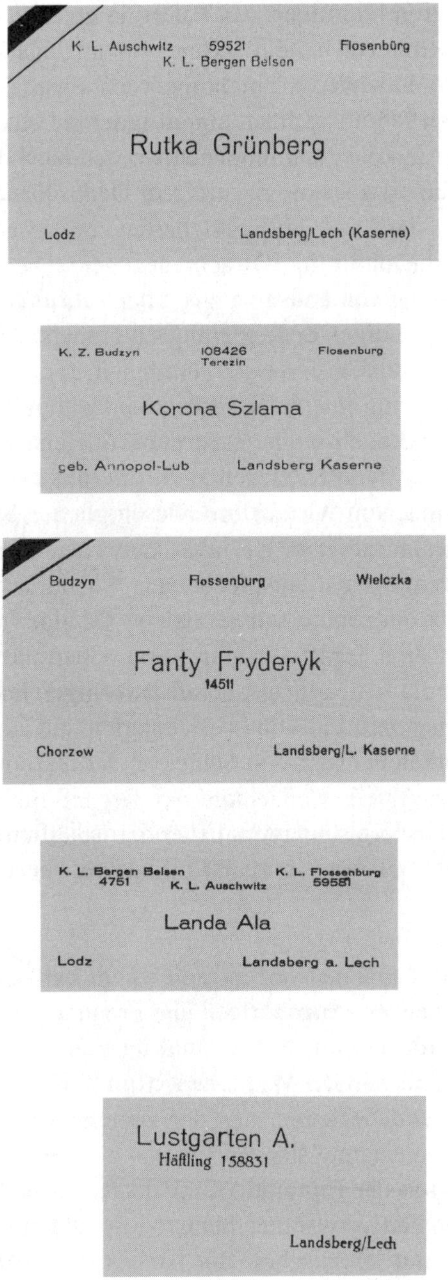

K. L. Auschwitz 59521 Flosenbürg
K. L. Bergen Belsen

Rutka Grünberg

Lodz Landsberg/Lech (Kaserne)

K. Z. Budzyn 108426 Flosenburg
Terezin

Korona Szlama

geb. Annopol-Lub Landsberg Kaserne

Budzyn Flossenburg Wielczka

Fanty Fryderyk
14511

Chorzow Landsberg/L. Kaserne

K. L. Bergen Belsen K. L. Flossenburg
4751 K. L. Auschwitz 59581

Landa Ala

Lodz Landsberg a. Lech

Lustgarten A.
Häftling 158831

Landsberg/Lech

Visitenkarten für die Suchaktion im Landsberger Lager
(Wer ist man, woher stammt man und in welchen KZ-Lagern war man?)

Kontakt mit unseren Landsleuten in Palästina treten konnten. Die Idee und die Faszination von einem freien und unabhängigen jüdischen Staat packte uns und wollte uns nicht mehr loslassen. Das Thema Palästina war damals 1945/46 auch aus einem anderen Grund viel diskutiert worden. Die meisten der Entkommenen wollten nach dem Krieg nicht in Europa bleiben, und schon gar nicht in Deutschland. Amerika galt damals vielen als das Land einer gesicherten künftigen Existenz. Auch Südamerika wurde dafür in Betracht gezogen. Die stärkste Anziehungskraft aber ging von Palästina aus; aber Palästina war noch Mandatsgebiet und die Londoner Regierung tat damals alles, um den Zuwanderungsstrom zu bremsen. Dass gerade wir, die wir dem Holocaust entkommen waren, für eine solch restriktive Haltung kein Verständnis zeigen konnten und auch wollten, ist nachvollziehbar. So versuchten wir alles in unseren Kräften stehende zu tun, um auf diesen Skandal aufmerksam zu machen. Wir nutzten alle möglichen Verbindungen zu jüdischen Weltorganisationen, zur amerikanischen Regierung und zur UNO, um unserem Protest entsprechenden Nachdruck zu geben. Besonders skandalös empfanden wir es, als eine Gruppe von Befreiten aus Deutschland auf dem Schiff „Exodus“ eine Überfahrt nach Palästina organisierte und die Briten dieses Schiff aufbringen ließen, den Passagieren die Einreise nach Palästina verweigerten und sie stattdessen auf der Insel Zypern internierten. Am Schicksal der „Exodus“ nahmen wir deshalb so regen Anteil, weil einige der Organisatoren aus unserem DP-Lager in Landsberg stammten. Einer der Beteiligten stand mir besonders nahe, weil er wie ich ein Mitglied von „Haschomer Hazair“ war, Moshe Rosen.

Viel Zeit und Aktivitäten verbrachten wir in Landsberg mit der Suche nach Überlebenden, Angehörigen und Freunden. Wir tauschten Visitenkarten aus mit unseren Namen und unserer Herkunft, benutzten die damals vorherrschenden Medien wie Rundfunk und Zeitungen für Suchmeldungen und bedienten uns der zahlreichen Hilfsorganisationen, die uns zur Verfügung standen. Es gab eine eigene Lagerzeitung, die sich mit Fragen der Emigration, mit Palästina und mit der Suche von Angehörigen und Verwandten befasste. Die Zeitung erschien in jüdischer Sprache mit lateinischen Buchstaben. Sie hieß „Landsberger Lagerzeitung“. Wir bauten ein dichtes Informationsnetz auf, das bis nach Amerika und Palästina reichte. So erfuhr ich eines Tages, dass

Erstes Wiedersehen mit meinem ältesten Bruder Chaim im Jahr 1955, als ich ihn in Israel besuchte. 16 Jahre waren wir getrennt

Drei überlebten von 46 Personen aus der näheren Verwandtschaft
Von links nach rechts: Autor Simon, ein Bruder meines Vaters und mein ältester Bruder Chaim

Gedenkstätte für meinen Vater Shlomo und meinen Bruder Pinchas, die beide im März 1943 hingerichtet wurden.
Im Bild hinten: Kombattanten und polnische Widerstandskämpfer.
Im Bild vorne der Autor und der Kulturreferent Stanislaw Sieja in Lipie

Kranzniederlegung und Ehrung durch einen polnischen Veteranen

mein ältester Bruder Chaim zu den Überlebenden zählte. Er ist nach einer jahrelangen Flucht über die Sowjetunion, Persien und Indien 1944 als Illegaler nach Palästina eingereist. Er und ich also die einzigen, die noch am Leben waren von unserer achtköpfigen Familie. Wir blieben in Briefkontakt, bis wir uns 1955 anlässlich meiner ersten Reise nach Israel in die Arme fallen konnten. Ein weiterer Überlebender war der Bruder meines Vaters. Auch er schlug sich nach seiner Befreiung in die amerikanische Besatzungszone durch und lebte bis zu seiner Emigration in die USA Anfang der 50er Jahre in Moosburg. Er war der einzige von den Geschwistern meines Vaters und meiner Mutter der überlebte. Von 46 Personen blieben drei am Leben. Dass mein Vater und mein Bruder Pinchas nicht mehr am Leben sind, hatte ich 1945 nach meiner Befreiung und Rückkehr nach Myschkow erfahren. Aber mir war unbekannt, wann, wo und wie sie umgekommen sind. Die näheren Umstände ihres Todes in Erfahrung zu bringen, gelang mir erst in den 80er Jahren. Ich setzte mich mit verschiedenen polnischen Behörden der Region Tschenstochau in Verbindung. Eines Tages stieß ich auf den Kulturreferenten von Lipie, Stanislaw Sieja, der in den Archiven nachforschte. Und er wurde fündig. Es stellte sich heraus, dass beide wenige Tage nach ihrer Verhaftung am Rande einer Kiesgrube exekutiert wurden. Nun wusste ich Zeitpunkt und Ort. Ich trat mit den Behörden des Landkreises Tschenstochau in Verbindung und kam überein, an der Stelle der Exekution einen Gedenkstein zu errichten. Im Oktober 1993 konnte ich unter Teilnahme der gesamten Bevölkerung des Ortes und einer Abordnung polnischer Kriegsveteranen den Gedenkstein enthüllen.

Für die Mehrzahl, die nach dem Krieg nach Bayern kam, war Emigration das Thema, um das sich alles drehte. Auch für mich war dies ein zentraler Punkt nach dem 8. Mai 1945. Immer wieder stellte ich mir die Frage: Was soll ich tun, mich dem großen Strom anschließen und irgendwo in der Welt eine neue Existenz aufbauen? Oder in Deutschland, in Bayern bleiben, um mich am Wiederaufbau jüdischen Lebens und jüdischer Tradition zu beteiligen? Ich durchlebte schwere Zeiten. Emigration war für mich gleichbedeutend mit der Trennung von meiner Vergangenheit und der Trennung von den unzähligen Opfern. Von Polen ging ich 1945 weg, weil mir das kommunistische Regime nicht gefiel und weil ich empfunden habe, dass mir dort die Heimat verloren

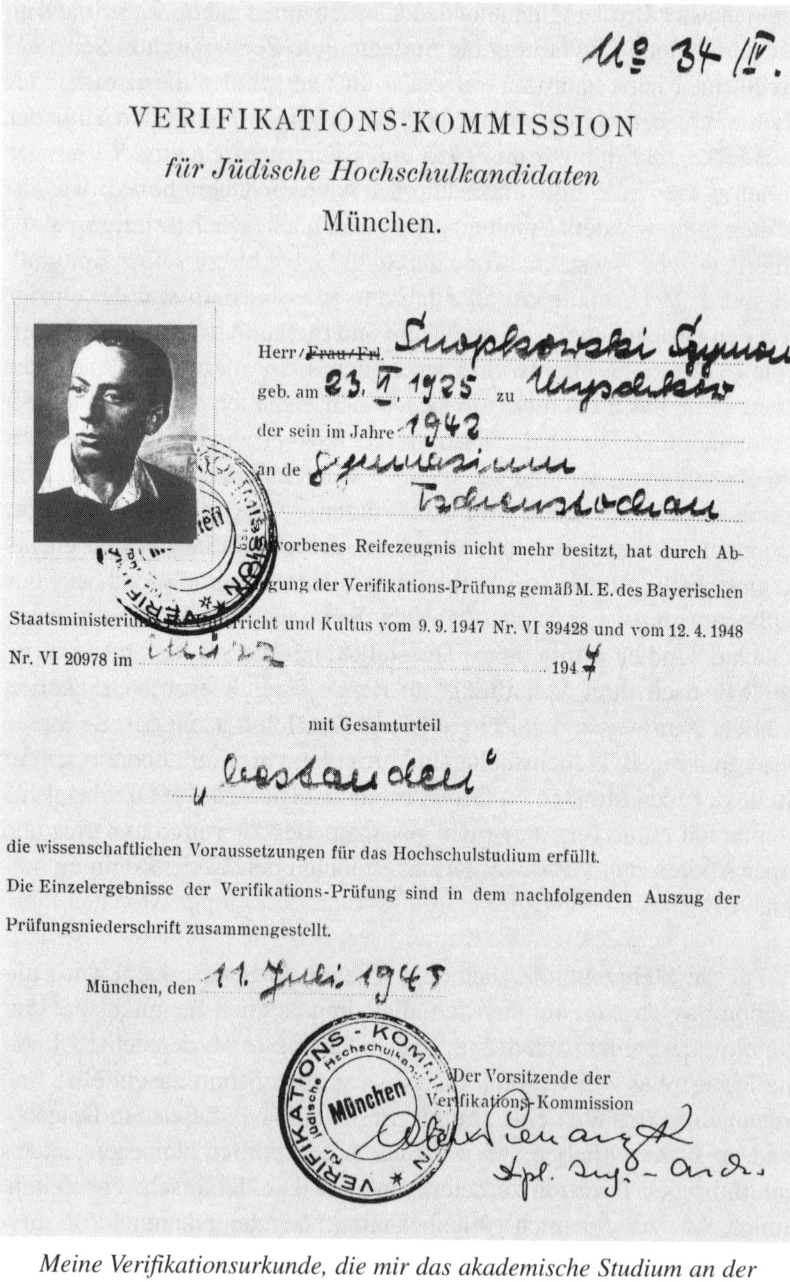
VERIFIKATIONS-KOMMISSION
für Jüdische Hochschulkandidaten
München.

Herr/~~Frau/Frl.~~ [illegible]

geb. am [illegible] zu [illegible]

der sein im Jahre 1942

an de Gymnasium Tschenstochau

[illegible] vorbenes Reifezeugnis nicht mehr besitzt, hat durch Ab-[illegible]gung der Verifikations-Prüfung gemäß M. E. des Bayerischen Staatsministeri[illegible]rricht und Kultus vom 9. 9. 1947 Nr. VI 39428 und vom 12. 4. 1948 Nr. VI 20978 im [illegible] 194[illegible]

mit Gesamturteil

„bestanden"

die wissenschaftlichen Voraussetzungen für das Hochschulstudium erfüllt.
Die Einzelergebnisse der Verifikations-Prüfung sind in dem nachfolgenden Auszug der Prüfungsniederschrift zusammengestellt.

München, den 11. Juli 1948

Der Vorsitzende der
Verifikations-Kommission

Meine Verifikationsurkunde, die mir das akademische Studium an der Universität München möglich machte gegangen war. Was sollte mich hier in Bayern halten ohne Studium, ohne Ausbildung und Beruf. Ich erlebte eine Zeit zwischen Sein und Nichtsein. Meine Zukunft war offen und verschlossen zugleich. Das Thema Emigration „Ja“ oder „Nein“ ließ mich erst los, als ich Mitte der 50er Jahre das Studium der Zahn- und Humanmedizin an der Ludwig-Maximilians-Universität abgeschlossen hatte. Bis dahin holte mich diese Frage immer wieder ein und zwang mich zu einer Entscheidung.

Als ich 1945 in Bayern ankam, hatte ich verständlicherweise keinerlei Unterlagen und Nachweis über mein Studium am hebräischen Gymnasium in Tschenstochau und über mein Abitur. Mein innerer Drang, eines Tages den Beruf eines Arztes auszuüben, war in mir auch während der Zeit des KZs nicht erloschen. Aber wie konnte ich diesen Weg beschreiten als einer, der im Grunde mittellos war und keinen Nachweis über sein 1942 abgelegtes Abitur in Händen hatte. Ich erfuhr, dass beim „Zentralkomitee der Befreiten Juden“ eine Kommission eingerichtet wurde, eine so genannte Verifikationskommission, die vom Kultusministerium autorisiert war, die Prüfungen für das Abitur abzunehmen. Das war für die damalige Zeit ein besonderer Vorgang, weil er vielen überlebenden Juden die Chance zum Studium vermittelte. Allein in München konnten dadurch 500 junge Juden das akademische Studium ergreifen. Ich war entschlossen, mich dieser Kommission zu stellen, um ein zweites Mal den Nachweis für die Hochschulreife zu erbringen. Die Freude am Lernen und mein Wissensbedürfnis waren mir trotz der schrecklichen Jahre einer Zwangspause nicht abhanden gekommen. Ich machte mich mit dem Prüfungsstoff vertraut. In wenigen Monaten fühlte ich mich gerüstet, um der Kommission Rede und Antwort zu stehen. Man schrieb das Frühjahr 1947 als mir die Kommission die Hochschulreife attestierte. Nun konnte ich endlich das Studium beginnen, auf das ich mich seit meiner frühen Jugend freute. Ich schrieb mich an der Ludwig-Maximilians-Universität als Student der Zahnmedizin ein. Die Zahnmedizin wählte ich zunächst deshalb, weil dieser Studiengang weitaus kürzer war als der für die Humanmedizin. Ich wollte ja schließlich in möglichst kurzer Zeit einen Abschluss in der Tasche haben, damit ich mir endlich eine berufliche Existenz aufbauen konnte.

Das DP-Lager Landsberg wurde 1949 geschlossen. Ich zog nach München um. Dort wohnte ich für einige Zeit als Untermieter eines

Untermieters. Mein Bekannter stellte mir seine Couch als Bett zur Verfügung; es war ein Bekannter aus Myschkow. Nachdem dieser 1950 emigrierte, übernahm ich das Zimmer für mich allein. Das Zimmer in der Zweibrückenstraße 5 war bescheiden eingerichtet, aber ich war froh, dass ich von nun an in meinen eigenen vier Wänden leben konnte. Ich blieb dort bis zum Jahr 1962 wohnen, knapp 13 Jahre also. Da ich Vollwaise war, also keine Verwandten hatte, weder im engeren noch im weiteren Sinne, war ich gezwungen, neben dem Studium auch immer wieder nach Jobs Ausschau zu halten, um mir das nötige Geld zu verdienen. Die äußeren Lebensverhältnisse waren bescheiden, ja, ich muss aus heutiger Sicht sagen, sogar ärmlich. Über Jahre bestand meine Kleidung aus abgelegten Uniformstücken der amerikanischen Soldaten. Unterstützung von Hilfsorganisationen habe ich kaum in Anspruch genommen. Ich wollte mich selbst durchschlagen, indem ich während des Studiums als Nachtwächter in einem UNRRA-Lager in Freimann arbeitete.

Als ich 1947 in München zu studieren anfing, existierte bereits ein jüdischer Studentenverband. Das genaue Gründungsdatum liegt im Dunkeln und ist mir nicht bekannt. In späteren Jahren fiel mir ein Schreiben dieses Verbandes vom 24. Januar 1946 an das Bayerische Kultusministerium in die Hände. Darin wird die Behörde gebeten, nachträglich die Zulassung von 25 jüdischen Studenten an der Universität München zu genehmigen. Es handelte sich bei diesen Studienbewerbern ausschließlich um ehemalige KZ-Insassen. Da ihr körperlicher Zustand im Herbst 1945 noch in schlechter Verfassung war, verpassten sie den Immatrikulationstermin. Dieses Dokument lässt darauf schließen, dass dieser jüdische Studentenverband um die Jahreswende 1945/46 gegründet wurde. Ähnliche Studentenverbände existierten in Marburg und Frankfurt.

Der Münchner Verband war der größte. Er zählte zeitweise an die 500 Mitglieder. Sie alle verband ein gemeinsames Ziel, wieder Anschluss an die einstige jüdische Intelligenz, Bildung und Humanität zu finden. Die wichtigste Aufgabe und Funktion sahen die Verbandsmitglieder in der sozialen Hilfestellung, etwa bei der Wohnungssuche, der Jobsuche und in der Verteilung von Lebensmittelpaketen, die aus Amerika kamen. Auch Studentenberatung und Studienförderung gehörte zu den Aufgabenbereichen. Heute würde man sagen, der Verband war eine Art Studentenwerk, zuständig für alles, was das studentische Leben betrifft.

Doch für die meisten von uns war der Verband noch mehr. Er gab Mut und Halt und war in gewisser Weise auch so etwas wie ein Familienersatz. Ich wurde 1951/52 Vorsitzender des Verbandes und blieb es bis 1954, dem Jahr seiner Auflösung. Nachdem die Mehrheit der Studenten nach Ende des Studiums sofort ins Ausland ging, also in die Emigration nach Amerika und viele nach der Gründung des Staates Israel auch nach Israel, schmolz die Zahl der Studierenden in München von Jahr zu Jahr. So beschloss der Verband unter meinem Vorsitz seine Auflösung. Sämtliche Akten und Unterlagen des Verbandes schickte ich dem Jüdischen Wissenschaftlichen Institut (YIVO) nach New York.

Das Zusammengehörigkeitsgefühl, das ich von 1947 bis 1954 in diesem Verband erlebte, bleibt mir unvergessen. Aber auch das sich Wiederfinden in der jüdischen Identität, in der Religion und den Traditio-

Chanukka-Ball des Studentenverbandes im Münchner Regina Hotel am 26. XII. 1951 Autor 2. Reihe, erster links

nen. Wir feierten gemeinsame Feste, organisierten für die gesamte jüdische Bevölkerung in München Veranstaltungen, besonders an den jüdischen Feiertagen, an Purim und Chanukka. Wir teilten gegenseitig gerne, was wir hatten, konnten auch fröhlich und ausgelassen sein, wenn sich Gelegenheit dazu bot. Das wichtigste für uns alle in diesen Jahren war aber das Studium. Bis zu 15 Stunden am Tag wurde gelernt und gebüffelt. Wir wollten unter den Besten sein.

Die Freundschaften, die in den 10 Jahren seines Bestehens geschlossen wurden, halten bis heute. Alle drei bis vier Jahre treffen sich die noch lebenden Mitglieder, mal in Amerika, mal in Israel. 1995 war

Wiedersehen nach 50 Jahren

ein solches Treffen in New York. Bis in die Nacht hinein dauerten die Gespräche, in denen die Erinnerungen an die Nachkriegsjahre meist im Mittelpunkt standen. „Damals“ ist bei diesen Treffen ein vielverwandtes Wort. „Damals“ hatten wir alle nur den einen Wunsch, sich einmal wieder satt zu essen, sich frei bewegen zu können ohne einen Aufseher mit schussbereitem Gewehr im Rücken. Natürlich wird bei solchen Treffen auch vieles verklärt; aber das ist verständlich. Tatsache aber ist, dass der „Jüdische Studentenverband der Überlebenden“ – so der genaue Name – unauslöschliche Erinnerungen bei seinen Mitgliedern hinterlassen hat.

1950 konnte ich meine zahnmedizinischen Studien mit Erfolg abschließen; 1955 das medizinische Studium. Ich hatte das Gefühl, eine wichtige Etappe geschafft zu haben. Wie soll es nun weitergehen? Bekomme ich an einer der Münchner Kliniken eine Assistentenstelle? In München wollte ich bleiben, da ich mich in der hiesigen Gemeinde eingebunden fühlte. Aufs Land zu gehen, schien mir problematisch, da ich dort wieder allein gewesen wäre, ohne Freunde und Bekannte. Ich hatte damals Angebote, nach Amerika oder Israel zu gehen.

Erneut stand ich vor der Frage der Emigration. Warum eigentlich auch nicht, dachte ich mir oft; ich war ungebunden und hatte auf niemanden Rücksicht zu nehmen. Auch mein Bruder, mit dem ich seit Ende der 40er Jahre in brieflichem Kontakt stand, versuchte immer wieder, mich zu überreden, nach Israel zu kommen. Natürlich faszinierten mich die beruflichen Möglichkeiten, die es in Israel gab, einem Land, das in den 50er Jahren seine erste große Aufbauphase erlebte. Nach 2000 Jahren der Zerstreuung in aller Welt, war es den Juden möglich, für den eigenen Staat zu arbeiten, eine eigene Heimat, ein eigenes Land für sich zu beanspruchen.

Zutiefst in meinem Innern empfand ich eine Sperre wegzugehen. Die Toten ließen mich nicht los. Sollte ich irgendwo leben und so tun, als ob nichts gewesen wäre. Ich konnte es einfach nicht über mich bringen, ein Kapitel meines Lebens zuzuschlagen. Ich musste das, was geschehen war, zum Gegenstand meines Seins machen. Drei Gedanken reiften in mir damals und sollten mein späteres Handeln bestimmen: das Gedenken an die Vergangenheit, die Voraussetzungen schaffen, dass jüdisches Leben und jüdische Religion im Lande der Täter wieder möglich ist und die Sorge um die Zukunft.

Betreuungs-Karte

Gruppe rot Nr. 70190

Snopkowski Szymon

Adresse: Mch. Zweibrückenstr. 5/I

Stand: led. Beruf: Student

Geburtstag: 23.6.1925

Geburtsort: Myschkow - Polen

BAYERISCHES HILFSWERK

Körperschaft des öffentlichen Rechts

München

Nicht übertragbar.
Nur gültig in Verbindung mit der Kennkarte.
Bei Verlust der Karte kein Ersatz.
Jede Adressenänderung
ist sofort zu melden.

50 Mü.49/50	43 Mü.49/50	36 Mü.49/50	29 Mü.49/50	22 Mü.49/50	15 Mü.49/50	8 Mü.49/50	1 Mü.49/50
51 Mü.49/50	44 Mü.49/50	37 Mü.49/50	30 Mü.49/50	23 Mü.49/50	16 Mü.49/50	9 Mü.49/50	2 Mü.49/50
52 Mü.49/50	45 Mü.49/50	38 Mü.49/50	31 Mü.49/50	24 Mü.49/50	17 Mü.49/50	10 Mü.49/50	3 Mü.49/50
53 Mü.49/50	46 Mü.49/50	39 Mü.49/50	32 Mü.49/50	25 Mü.49/50	18 Mü.49/50	11 Mü.49/50	4 Mü.49/50
54 Mü.49/50	47 Mü.49/50	40 Mü.49/50	33 Mü.49/50	26 Mü.49/50	19 Mü.49/50	12 Mü.49/50	5 Mü.49/50
55 Mü.49/50	48 Mü.49/50	41 Mü.49/50	34 Mü.49/50	27 Mü.49/50	20 Mü.49/50	13 Mü.49/50	6 Mü.49/50
56 Mü.49/50	49 Mü.49/50	42 Mü.49/50	35 Mü.49/50	28 Mü.49/50	21 Mü.49/50	14 Mü.49/50	

Wegen meiner Grundeinstellung in dieser Zeit habe ich von der Betreuungs-Karte kaum Gebrauch gemacht, sondern meinen Unterhalt als Nachtwächter verdient. Mit dieser Karte erhielt man zusätzliche Nahrungsmittel.

4. Kapitel
Beruf – Familie

1955 war für mich auch das Jahr, in dem ich endlich meinen ältesten Bruder Chaim in Israel besuchen konnte. So lange ich im Studium war, hatte ich weder die Zeit noch die finanziellen Mittel für eine Reise nach Israel. Das Wiedersehen mit meinem Bruder nach 16 Jahren Trennung hat mich innerlich sehr aufgewühlt. Wir hatten uns viel zu berichten. In den sechs Wochen, die ich bei ihm zu Besuch war, waren wir beide glücklich, dass wir uns endlich aussprechen konnten, über unseren gegenseitigen Erzählungen lag auch eine tiefe Trauer. Uns beide holte die Vergangenheit ein, vor allem der Schmerz um Vater und Mutter, Schwestern und Brüder. Endlich bin ich in dem Land, von dem mein Bruder Chaim schon in seinen jungen Jahren geträumt hat, von einem souveränen und unabhängigen Staat der Juden. Ich reiste in diesen sechs Wochen kreuz und quer durch das Land und besuchte entfernte Verwandte, die vor dem Krieg nach Palästina ausgewandert waren. Sollte ich nicht doch nach Israel gehen, wo es mir vielleicht leichter fiele, die Vergangenheit hinter mir zu lassen? Ich war voller Bewunderung und Erstaunen über den Pioniergeist, der mir überall im Lande begegnete. Trotz der latenten Kriegsgefahr ließen sich die Menschen nicht entmutigen. Sie glaubten an die Stärke des noch jungen Staates.

Auch in die Vereinigten Staaten hätte ich damals gehen können, nachdem mir ein konkretes Angebot vorlag. Da ich weder Angehörige noch Verwandte in München hatte, war ich frei und hätte niemanden zurücklassen müssen. Die andere Alternative vor der ich stand, war, mich hier in München nach einer Arbeitsstelle umzuschauen. Mir war bewusst, dass die Ausbildungsplätze für den Facharzt rar waren, und dass schon eine gehörige Portion Glück dazukommen musste, sollte ich einen finden. Dass ich den Facharzt für Chirurgie machen wollte, darüber hatte ich keinen Zweifel. Aber ich wollte natürlich auch einen optimalen Ausbildungsplatz und einen Lehrer, der einen entsprechenden Ruf als Chirurg hat. Und so bewarb ich mich bei Professor Georg Maurer im damals noch Städtischen Krankenhaus rechts der Isar.

Als mich Professor Maurer zu einem ersten Vorstellungsgspräch empfing, fragte er mich nach meinen beruflichen Zukunftsvorstellungen. Ich sagte ihm, dass ich mir überlege, ob ich nicht auswandern sollte. Er fragte nach, wie ernsthaft ich solche Pläne verfolge. Ich antwortete, dass ich durchaus auch bereit wäre hier zu bleiben, wenn ich denn die Aussicht auf einen Ausbildungsplatz hätte und die Möglichkeit bekäme, soviel zu verdienen, dass ich mich über Wasser halten könne. Professor Maurers Antwort darauf war kurz und spontan: „Also, dann kommen Sie." Und ich kam.

Mir fiel ein Stein vom Herzen, und ich war glücklich, dass sich eine Tür für mein berufliches Fortkommen geöffnet hat. Ich ging mit einem ungeheuren Eifer an die Arbeit und war stolz, dass ich bei einem so angesehenen Arzt wie Professor Maurer den Beruf des Chirurgen erlernen konnte. Die Entlohnung war zwar äußerst bescheiden – sie bestand aus einem kleinen Taschengeld von DM 50,00 und einem kostenlosen Mittagstisch – aber ich hatte damit keine großen Probleme, war ich es doch gewohnt, anspruchslos zu leben. Schon einige Monate später sollte sich meine materielle Lage zum Besseren wenden. Der Stadtrat hatte 1956 ein Gesetz beschlossen, demzufolge diejenigen, die in einem Arbeitsverhältnis stehen, rückwirkend das Anrecht auf eine halbe Assistentenstelle bekommen sollten. So erhielt ich eine halbe Planstelle, die nach geraumer Zeit in eine volle umgewandelt wurde. Erstmals in meinem Leben kehrte so etwas wie Normalität ein. Die Ungewissheiten, die seit meiner Jugend über meinem Leben schwebten, verblassten allmählich. 1958 lernte ich meine spätere Frau kennen. Sie war eine meiner Patientinnen geworden, nachdem sie sich beim Skifahren das Bein gebrochen hatte. Vier Jahre später, 1962 heirateten wir. 1960 beendete ich meine Assistenzzeit und machte den Facharzt.

Wenn ich an diese vier Jahre zurückdenke, so verspüre ich noch heute meine damalige Genugtuung, endlich einen soliden und festen Boden unter den Füßen zu haben. Alles, was ich damals unternahm, waren Bausteine für meine Zukunft. Privat bahnte sich meine spätere Ehe an, und beruflich bekam ich bei meinem Lehrer Professor Maurer die denkbar besten Ausbildungsmöglichkeiten. Ich schätzte das Arbeitsklima und die Kollegialität meiner Umgebung. Und so überraschte es mich nicht, dass mir mein Lehrer nach Abschluss des Facharztes das Angebot machte, bei ihm in seiner Abteilung zu bleiben.

1960 war ich 35 Jahre alt. Ich hatte meinen Facharzt als Chirurg in der Tasche und hatte eine exzellente Ausbildung hinter mir. Professor Maurer, meinem langjährigen Chef, bin ich zu großem Dank verpflichtet, ebenso seinem Oberarzt Dr. Fritz Lechner.

Mein Sohn Peter wurde 1962 in Hamburg geboren und meine Tochter Jona 1964 in München. Peter besuchte das Wilhelmgymnasium und Jona ging im Max Josef Stift in Bogenhausen zur Schule. Beide machten ein ausgezeichnetes Abitur und beide konnten sofort das Studium der Medizin beginnen. Wie ich, so machte auch mein Sohn Peter im Klinikum rechts der Isar seinen Facharzt für Chirurgie. Unter der Obhut von Professor Jörg Rüdiger Siewert, dem Nachfolger von Professor Georg Maurer, tritt er in meine beruflichen Fußstapfen. Professor Siewert ist eine international anerkannte Größe auf seinem Fachgebiet, weit über die Grenzen Deutschlands und Europas hinaus. Ich bin dankbar, dass mein Sohn an der Seite einer solchen Kapazität arbeiten kann. Dank ihrer besten Noten war der Numerus Clausus für sie kein Hindernis. Jona hat den Facharzt für allgemeine Medizin und eine Ausbildung für Naturheilkunde gemacht.

Vornehmlich lag die Erziehung und Ausbildung der Kinder bei meiner Frau Ilse. Ich hatte wenig Zeit, mich darum zu kümmern. Als Chefarzt hatte ich meist mehr als einen Acht-Stundentag und die Arbeit im Landesverband, die ich seit 1971 als Vorsitzender leiste, ließ mir wenig Zeit übrig für die Erziehung der Kinder. Bis zu ihrem Abitur hat sich Ilse ganz den Erziehungsaufgaben gewidmet und danach dem Auf- und Ausbau der Gesellschaft zur Förderung jüdischer Kultur und Tradition. Dass diese Gesellschaft jährlich ein umfangreiches Programm anbieten kann, ist ausschließlich ihr Verdienst. Ebenso ist es ihrem Einsatz zu verdanken, dass die Gesellschaft inzwischen ein fester Bestandteil des Münchner Kulturlebens geworden ist.

Im Jahr 1962 wechselte ich in das Israelitische Krankenhaus nach Hamburg; trotz guter Bezahlung blieb ich dort nur ein Jahr. Die klinischen Bedingungen waren ausgezeichnet, aber in gewisser Weise auch eingeschränkt. Aus Kostengründen waren nur bestimmte chirurgische Eingriffe möglich. Dies entsprach nicht meinen Erwartungen. Es hätte mich zu sehr eingeschränkt. Und so kehrte ich nach München zurück, wo mich Professor Maurer mit offenen Armen wieder aufnahm.

Trotz der anspruchsvollen Tätigkeit als Chirurg entzog ich mich nicht den Verpflichtungen gegenüber der jüdischen Gemeinschaft. Ich wurde in den Vorstand der Münchner Gemeinde gewählt, die damals wie auch heute noch die größte in Bayern war und an die 4.000 Mitglieder zählte. Ich wurde 1961 in den Vorstand des Landesverbandes delegiert und ich vertrat Bayern in der Zentralwohlfahrtsstelle, die ihren Sitz in Frankfurt hatte. Die Geschichte dieser Organisation, die vor 1917 als Dachverband der jüdischen Sozialeinrichtungen gegründet wurde, ist eng verbunden mit dem Schicksal des europäischen Judentums. Sie betreute in den 20er und 30er Jahren des vergangenen Jahrhunderts vor allem Juden aus Polen, Litauen und Russland, die aus Angst vor Verfolgung und Diskriminierung nach Deutschland flüchteten. 1939 wurde der Verband von den Nazis zwangsaufgelöst. 1951 wurde der Verband neu gegründet, um die Überlebenden des Holocaust und deren Kinder zu betreuen. Seit den 90er Jahren liegt die Hauptsorge dieses Verbandes in der Eingliederung der so genannten Kontingentflüchtlinge. Knapp 30 Jahre habe ich in dieser Organisation mitgearbeitet.

1966 hat mich die Stadt München zum Chirurgischen Chefarzt im Krankenhaus Oberföhring berufen. Durch die exzellenten Lehrjahre im Städtischen Krankenhaus rechts der Isar war ich bestens gerüstet, nun selbst die Verantwortung in einer Klinik zu übernehmen. Von Anfang an war es mir wichtig, im Team zu arbeiten und unter den Ärzten und Schwestern für ein Arbeitsklima Sorge zu tragen, das optimal ist. Mir lag daran, dass Oberföhring sich mit den anderen Münchner Kliniken messen konnte und ich setzte alles daran, dass das Krankenhaus einen zeitgemäßen medizinischen Standard hatte, trotz gewisser baulicher Mängel des Barackenbaus.

Mit der wachsenden Motorisierung der Gesellschaft stieg in den 60er Jahren die Unfallquote dramatisch an. Eine rasche Versorgung der Unfallbetroffenen vor Ort war soviel wie nicht gegeben. Der einzige

Notarztwagen, der in den 60er Jahren in München existierte, war in der Pettenkoferklinik, also in der Obhut der Universitätsklinik. Ich sah hier einen dringenden Handlungsbedarf. In Zusammenarbeit mit der Münchner Feuerwehr gelang es mir, im städtischen Bereich den ersten Notarztwagen zu etablieren. Für die Stadt München war dies damals ein Novum. Mir ging es bei diesem Projekt darum, eine rasche lebensrettende medizinische Versorgung am Unfallort sicher zu stellen. Die diesbezüglichen Verhandlungen mit den städtischen Behörden waren langwierig und zäh und obwohl die entsprechenden Planstellen fehlten, begann ich das Projekt mit den mir zu Verfügung stehenden medizinischen Kräften umzusetzen. Medizinische Versorgung am Unfallort ist heutzutage Standard; in den 60er Jahren war sie die Ausnahme.

Am 28. Mai 1980 schrieb mir der damalige Dekan der medizinischen Fakultät der Technischen Universität München, Professor M. Reiter, einen Brief, in dem er mir vorschlug, für die Studenten des klinischen Abschnitts Lehrveranstaltungen über das „Ärztliche Rettungswesen“ abzuhalten. So konnte ich die praktischen Erfahrungen, die ich diesbezüglich gemacht hatte, an einen großen Kreis von heranwachsenden Medizinern weitergeben.

Medizinisch stand das Krankenhaus Oberföhring auf einem hohen Niveau. Die Gebäulichkeiten freilich ließen zu wünschen übrig. Ein Neubau war dringend notwendig. Als der Münchner Stadtrat in den 70er Jahren die Mittel für einen Neubau bereitstellte, schlug mich dieser zum Berater des Architekten Roemisch für den Klinikneubau vor. So trug ich von Beginn der Planung bis zum ersten Spatenstich Mitverantwortung für ein Krankenhaus, das den modernsten medizinischen Anforderungen entspricht.

1984 war das Klinikum Bogenhausen bezugsfertig und Oberföhring konnte geschlossen werden. Im neuen Klinikum hatten mich die ärztlichen Kollegen zum Direktor gewählt, sodass ich von nun an nicht nur für die chirurgische Abteilung zuständig war, sondern die Verantwortung für die ganze Klinik inne hatte. 1987 ging ich in Pension.

Die 21 Jahre als Chefarzt für Chirurgie in Oberföhring und Bogenhausen waren für mich eine erfüllte Zeit. Ich hatte erreicht, was ich schon in früher Jugend erträumte. Mit den zuständigen städtischen Behörden lief die Zusammenarbeit gut, insbesondere mit dem damaligen Krankenhausreferenten Dr. Erwin Hamm und seinem Nachfolger, Professor Dr. Herbert Genzel. Mit den jeweiligen Oberbürgermeistern der Stadt – sie waren ja meine obersten Dienstherren – hatte ich stets bestes Einvernehmen. Mit Dr. Jochen Vogel, der mir 1966 als Münchner OB die Bestallungsurkunde als Chirurgischer Chefarzt überreichte, verbindet mich über die Jahre eine freundschaftliche Beziehung. Zugleich wurde ich mit diesem Schritt Beamter auf Lebenszeit. Hätte ich mir das je in meiner Jugend träumen lassen, dass ich eines Tages die Chefarztposition in einem großen Krankenhaus übernehmen sollte?

Ich war 10 Jahre Vorstandsmitglied der Deutschen Krankenhaus-Gesellschaft. Wegen Arbeitsüberlastung trat ich 1991 aus dem Vorstand zurück. Ein Schreiben der Deutschen Krankenhaus-Gesellschaft erhielt ich mit folgendem Inhalt: *„Ich habe diese Mitteilung mit Bedauern zur Kenntnis genommen, respektiere aber gleichzeitig Ihre Entscheidung. Ich möchte diese Gelegenheit benutzen, um Ihnen, sehr geehrter Herr Dr. Snopkowski, auch im Namen des Präsidiums und der übrigen Mitglieder des Vorstands der DKG meinen aufrichtigen Dank für Ihre immer konstruktive Mitarbeit in diesem Gremium zum Wohle aller Krankenhausträger auszusprechen."*

Seit 1967 bis zu meiner Pensionierung 1987 war ich im Landesverband der gewerblichen Berufsgenossenschaften als Durchgangsarzt und im berufsgenossenschaftlichen Verletzungsartenverfahren zugelassen.

5. Kapitel

Neues jüdisches Leben in Bayern – Die Wiedererrichtung jüdischer Gemeinden

Bis zum Beginn des Dritten Reiches lebten in Bayern ca. 60.000 jüdische Einwohner. Es gab zahlreiche Synagogen, jüdische Stiftungen und Institutionen, in denen ein reges jüdisches Leben in Stadt und Land zum Ausdruck kam. Mit der Machtübernahme des Nationalsozialismus veränderte sich die Lage schlagartig. Wer nach 1933 die Möglichkeit zur Flucht hatte, machte davon Gebrauch; aber es waren die wenigsten. Die meisten der 60.000 jüdischen Einwohner wurden das Opfer der nationalsozialistischen Vernichtungsideologie. Hier in Bayern und im übrigen Reichsgebiet wanderten die Juden in die Konzentrationslager, von denen die wenigsten eine Überlebenschance hatten.

Am Ende des Zweiten Weltkrieges war das jüdische Leben in Bayern ausgelöscht. Die Synagogen und Bethäuser waren zerstört oder zweckentfremdet und die sonstigen jüdischen Institutionen verschwunden. Einige wenige jüdische Einwohner haben die 12 Jahre der Verfolgung überlebt; sie waren gebrochen, krank oder alt. Um so erstaunlicher war es, dass in den Jahren nach 1945 das jüdische Leben sich rasch wieder regte. Ich berichtete bereits im 2. Kapitel, dass Bayern, das zur amerikanischen Besatzungszone zählte, nach 1945 erste Zuflucht der Befreiten und Überlebenden wurde. Sie fanden Zuflucht in den von den Amerikanern errichteten DP-Lagern. Von den ca. 200.000 Juden, die in den ersten fünf Nachkriegsjahren nach Bayern kamen, blieben in den 50er Jahren noch etwa 8.000 in Bayern. Die große Mehrheit emigrierte nach Israel, in die USA oder in andere Länder.

Die Verbliebenen standen im Grunde vor dem Nichts. Sie lebten von den Hilfsorganisationen und von bescheidenen staatlichen Zuwendungen. Für den Aufbau der Gemeinden waren kaum Mittel vorhanden. So lebte man von der Hand in den Mund. Es bedurfte großer Flexibilität, um das Nötigste zu beschaffen. Arm und bedürftig an materiellen und finanziellen Mitteln, ging man dennoch daran, die ersten Schritte zu wagen im Wiederaufbau jüdischer Gemeinden. In den Jahren 1945 bis 1947 entstanden in München, Nürnberg, Fürth, Würzburg und Augsburg neue Gemeinden. Einige Jahre später konnten in Regensburg, Straubing, Bamberg, Amberg, Passau, Cham und Weiden weitere Gemeinden errichtet werden.

Bis in die 80er Jahre kämpften viele Gemeinden um ihre Existenz. Die Auswanderungswelle, die bis Mitte der 50er Jahre andauerte, ließ viele Gemeinden um ihren Bestand bangen. Die Emigranten hinterließen eine großes Vakuum. 1951 löste sich das „Zentralkomitee der befreiten Juden in der US-Zone" auf und mit ihm die meisten jüdischen Organisationen, die in den unmittelbaren Nachkriegsjahren entstanden waren und aktiv am Wiederaufbau von jüdischen Institutionen mitwirkten. Schulen, Gymnasien und sonstige kulturelle Einrichtungen standen vor dem Aus. Eine Reorganisation der Kultusgemeinden musste in Angriff genommen werden. Nur mit Mühe konnten sich die Gemeinden über Wasser halten. Die einzigen staatlichen Zuwendungen in den 50er und 60er Jahren kamen aus Entschädigungsansprüchen der Gemeinden für enteignete Immobilien und Grundbesitz. Die Zahlungen solcher Zuschüsse wurden am 31. März 1960 eingestellt.

In den 60er Jahren hat der Freistaat Bayern mit der IRSO (Jewish Restitution Successor Organization – Jüdische Rückerstattungs-Nachfolgeorganisation), dem Landesverband und den bestehenden jüdischen Gemeinden ein so genanntes Globalabkommen geschlossen. In diesem Abkommen wurden die Entschädigungsansprüche der jüdischen Gemeinden geregelt, deren Eigentum von den Nazis konfisziert wurde. Ein Teil dieser Gelder kamen dem Landesverband der Israelitischen Kultusgemeinden in Bayern und den einzelnen Gemeinden zugute. Über den größten Teil hat die IRSO verfügt. Immerhin waren die Gemeinden von nun an in der Lage, die notwendigsten Bedürfnisse zu befriedigen. Inzwischen konnte man auch auf Einnahmen aus der Kirchensteuer zurückgreifen; aber diese Einnahmen fielen nicht allzu sehr ins Gewicht.

Eine der ersten jüdischen Gemeinden, die nach 1945 wiedererrichtet wurde, war die Münchner. Zu den Gründern zählten einige wenige Überlebende und Rückkehrer. Pionierarbeit an der Neugründung leisteten unter anderem Dr. Julius Spanier und Rechtsanwalt Siegfried Neuland. Beide waren auch Mitglied des Bayerischen Senats. Nach der Auflösung des „Zentralkomitees der befreiten Juden in der US-Zone“ 1951 hat sich Maximilian Helmann große Verdienste um das Weiterbestehen der Gemeinden erworben. In seiner Nachfolge standen Dr. Hans Lamm und Dr. Maximilian Tauchner.

Wie schon vor dem Dritten Reich, so war München auch nach dem Krieg die größte jüdische Gemeinde in Bayern. Ich selbst wurde 1949 Mitglied der Münchner Gemeinde, nachdem ich das DP-Lager Landsberg verlassen und in München eine dauernde Bleibe gefunden hatte. Als ich 1949 zur Münchner Gemeinde stieß, zählte sie an die 2.000 bis 3.000 Mitglieder.

Der religiöse und spirituelle Mittelpunkt der jüdischen Gemeinde in München war die Synagoge in der Reichenbachstraße 27. Die Wiederherstellung der Synagoge im Gärtnerplatzviertel war eine der ersten baulichen Maßnahmen nach 1945. Der erste Rabbiner, der hier mit den Gemeindemitgliedern den Sabbat und die jüdischen Feiertage feierte, war Aron Ohrenstein, ein Überlebender des Ostjudentums. Die jüdisch-orthodoxe Gemeinde hatte ihr Bethaus in der Neuberghauserstraße in Bogenhausen. Dort waren die beiden Rabbiner R. Snieg und R. Ross.

Die Konsolidierung der Gemeinden stand in den 50er und 60er Jahren im Mittelpunkt der Bestrebungen. Dazu gehörte die Wiederherstellung der Synagogen oder die Anmietung von Wohnungen, um der Feier des Kultes einen würdigen Rahmen zu geben. Große Anstrengungen waren nötig, um die religiöse Unterweisung der Kinder sicher zu stellen. Für den schulischen Unterricht mussten das entsprechende Lehrpersonal organisiert und für den sozialen Bereich die entsprechenden Einrichtungen aufgebaut werden.

Aus der Münchner Gemeinde möchte ich zwei Familien besonders in Erinnerung bringen, die Familie Josef und Esther Stopnitzer und die Familie Jeremias und Genia Aranowitsch. Beide Familien nahmen mich wie ihren eigenen Sohn auf. Bei ihnen verbrachte ich seit meinem Umzug von Landsberg nach München alle jüdischen Feiertage und viele Wochenenden. Die Familien stammten aus Myschkow und Umgebung und waren für mich in gewisser Weise auch ein Stück Erinnerung an meine verlorene Heimat und meine verlorene Familie.

6. Kapitel
Gesellschaft zur Förderung jüdischer Kultur und Tradition

Bis in die 30er Jahre des 20. Jahrhunderts hatten die Juden als Einzelpersonen oder als Volks- und Glaubensgemeinschaft einen großen Anteil am geistigen und kulturellen Leben in Deutschland. Diese Tradition wurde durch den Nationalsozialismus abrupt beendet. Versuche, an diese Tradition in den Nachkriegsjahren wieder anzuknüpfen, waren schwierig. Nur wenige der früheren Träger jüdischer Kultur überlebten den Holocaust und die wenigen, die überleben konnten, kehrten meist nicht mehr nach Deutschland zurück. Im übrigen musste man in den ersten Nachkriegsjahren andere Akzente und Prioritäten setzen. Es ging um die Wiederbelebung und Entwicklung der jüdischen Gemeinden. Von den 173 israelitischen Kultusgemeinden, die 1933 in Bayern existierten, blieben nach dem Krieg lediglich 12 übrig. Angesichts des Ausmaßes der Zerstörung und Vernichtung jüdischer Institutionen und Liegenschaften und angesichts der bescheidenen Mittel, die zur Verfügung standen, musste man sich auf das Notwendigste konzentrieren. Bis in die 70er Jahre stand der Auf- und Ausbau der Kultusgemeinden an oberster Stelle.

In meiner Tätigkeit als Vorsitzender des Landesverbandes der Israelitischen Kultusgemeinden in Bayern seit Anfang der 70er Jahre stieß ich immer wieder auf die Tatsache, dass die Nazis nicht nur jüdische Menschen umgebracht haben, sondern auch die geistig-kulturellen Traditionen im Gedächtnis der Deutschen gelöscht haben. Die Kenntnis von jüdischer Religion und Kultur ist den meisten fremd. Dies war meine Erfahrung, die ich all die Jahre machen musste. Ohne das Wissen und die Kenntnis der kulturellen und zivilisatorischen Leistungen jüdischer Bürger seit der Aufklärung bleibt das Judentum fremd. Ich, der ich aus dem Ostjudentum stamme und die ungeheure Vielfalt des jüdischen Lebens und der Tradition in jungen Jahren noch erleben und kennen lernen konnte, wusste auch, dass das meiste von dem untergegangen war.

Bereits in den 70er Jahren stellte ich Überlegungen an, wie man diesen Verlust einigermaßen ausgleichen könnte. Ich war regelmäßig Gast bei den Veranstaltungen der beiden konfessionellen Akademien in München und Tutzing und erfuhr dort, wie man auf hohem Niveau die Gegenwartsfragen aus allen Bereichen der Politik, der Kultur, der Religion und der Gesellschaft aufgreift und erörtert. So lag es für mich nahe, die Idee einer jüdischen Akademie in Bayern in Erwägung zu ziehen. Wie so oft in meiner Arbeit für die jüdische Gemeinschaft stieß ich auf das Problem der finanziellen Ressourcen. Aus den finanziellen Mitteln, die dem Landesverband zur Verfügung standen, war die Umsetzung meiner Idee unmöglich. Ich sondierte in vielen Gesprächen mit Politikern des Freistaates die Möglichkeit und die Bereitschaft einer jüdischen Akademie näherzutreten. So wie ich über lange Zeit mit meinen Vorstellungen nach einem Staatsvertrag scheiterte, so scheiterte ich auch mit dem Gedanken einer Akademie. Ich sucht nach Alternativen und fand sie in der Gründung der „Gesellschaft zur Förderung jüdischer Kultur und Tradition“. Ein eingetragener und gemeinnütziger Verein, der von Fall zu Fall Fördermittel vom Freistaat und der Stadt München erhält. Und so wurde es dann auch. Der Freistaat und die Stadt München unterstützten meine Idee finanziell, und so konnte ich mit diesen Geldern am 12. Juli 1982 die „Gesellschaft zur Förderung jüdischer Kultur und Tradition“ aus der Taufe heben. In einem Festakt und in Anwesenheit zahlreicher Ehrengäste gab ich der Öffentlichkeit Zielsetzung und Aufgaben der Gesellschaft bekannt.

Zwar hatte ich das eigentliche Ziel einer Akademie nicht erreicht, aber es erfüllte mich mit einer großen Genugtuung, als ich in den Räumen der Bayerischen Akademie der Wissenschaften meine Eröffnungsrede halten konnte. Grußworte sprachen die beiden Direktoren der konfessionellen Akademien, Dr. Franz Henrich für die Katholische Akademie in Bayern und Claus Jürgen Roepke für die Evangelische Akademie Tutzing. Für den Freistaat Bayern sprach der stellvertretende Ministerpräsident und Staatsminister der Justiz, Dr. Karl Hillermeier, und für die Stadt München der Bürgermeister der Landeshauptstadt, Dr. Winfried Zehetmair. Die Festansprache hielt Rabbiner Henry G. Brandt zum Thema „Massada und Jachwe“. Ich erläuterte den Sinn und die Aufgabe der Gesellschaft so:

„Auf den ersten Blick enthüllt unser Name „Gesellschaft zur Förderung jüdischer Kultur und Tradition“ gar nicht so leicht all das, was sich hinter den Gedanken verbirgt, die diese Gesellschaft verwirklichen soll. Die Problematik liegt bereits in der schieren Tatsache, dass wir so eine Gesellschaft gründen – in diesem Augenblick und an diesem Ort. Der Zweck dieser Vereinigung ist leicht umschrieben und nicht ganz so leicht zu erreichen. Unsere Gesellschaft soll sämtliche Formen jüdischer Kultur und Tradition pflegen und damit anknüpfen an das vielfältige kulturelle und jüdische Leben, das einst hier geblüht hat. Dies wird durch Veranstaltungen, durch Referate und Diskussionen, durch Begegnungen und Seminare geschehen. Unser Programm soll allen jüdischen Gemeinden Bayerns zugute kommen. Denn auch in den so genannten kleinen Gemeinden leben jüdische Menschen, die zu ihrer Herkunft stehen, die nach ihren Wurzeln suchen.

Die meisten jüdischen Bürger Bayerns, als deren Repräsentant ich seit langen Jahren die Ehre habe zu fungieren, sind nicht seit Generationen in diesem Land ansässig. Sie sind zum größten Teil nach dem tiefen Einschnitt des unvergessenen Jahres 1945 aus Osteuropa hierher gekommen. Wir waren Flüchtlinge und Fremde in doppelter und dreifacher Hinsicht. Nicht nur Sprache und Landschaft, Klima und Kultur waren uns unvertraut. Wir fanden uns hier ohne Familien und Hoffnung, physisch und psychisch zutiefst verwundet. Es ist vor allem für die jüngeren Menschen unter uns heute fast unmöglich nachzuvollziehen, aber das Allerschlimmste war – und das habe ich erst Jahre später ganz begriffen – dass die Wurzeln unseres Seins, das unendlich vielfältige und lebensbejahende geistige, kulturelle und religiöse Leben des Judentums Osteuropas vernichtet, auf immer dahin war. Bis zum heutigen Tage ist der Verlust so groß, dass die meisten von uns nicht einmal ermessen können, was wir verloren haben.

Andererseits war auch von der kulturellen Tradition des deutschen und des westeuropäischen Judentums genauso wenig übrig geblieben. Seine Vertreter hatten ja das gleiche Schicksal erlitten wie das Judentum überall in Europa und ihre langsame und beinahe unbemerkte Rückkehr nach Deutschland und nach Bayern änderte vorläufig nicht viel an unserer inneren und äußeren Not. Es gab so viel an Alltagsproblemen zu bewältigen und es galt zuallererst genug Selbstvertrauen zu finden, um sich überhaupt für ein geordnetes Weiterleben zu entscheiden. Wir haben Gemeinden gegründet, wo immer sich eine Anzahl von versprengten Juden ansiedelte. Diese Gemeinden arbeiten und funktionieren in all den Bereichen, wozu wir sie damals gebraucht haben und heute brauchen. Mittlerweile hat sich die jüdische Gemeinschaft trotz vieler begreiflicher Schwierigkeiten in die sie umgebende Gesellschaft integriert und ihr Leben in diesem Land hat sich, wenn ich es so ausdrücken darf, normalisiert. Heute verspüren wir um so stärker das Bedürfnis, unsere überkommene Kultur und Tradition aufzugreifen und zu pflegen. Aus welcher der vielen Wurzeln unserer Geschichte sich diese Tradition speist, ist dabei für uns von nicht ausschlaggebender Bedeutung.

Die Juden, die heute in Bayern leben, tragen in sich ein äußerst vielschichtiges Erbe. Sie sind aus vielen Ländern der Welt hierher gekommen, sei es als Flüchtlinge, als Rückkehrer oder als Neuzuwanderer. Wir leben gerne hier und wir leben auch ganz bewusst als Juden in diesem Land. Unsere Gemeinsamkeiten und unsere Differenzen wollen wir offen in einen Dialog einbringen. Dabei versteht es sich von selbst, dass wir das außergewöhnliche Erbe des jüdischen Osteuropas mit besonderer Aufmerksamkeit behandeln werden, schon deswegen, weil die Möglichkeiten der jüdischen Gemeinden in den Ländern Osteuropas, ihre Geschichte zu erhalten und weiterzugeben, heute nicht mehr bestehen."

Dass ich mit so großem Nachdruck auf das osteuropäische Judentum verwies, hat seinen Grund nicht zuletzt darin, dass ich selbst aus dieser Tradition stamme und dort bis heute meine Wurzeln habe. Aber ich wollte es damit nicht bewenden lassen. Es war mir in dieser Stunde auch wichtig zu erinnern, wie sehr in den früheren Jahrhunderten auch von Bayern aus jüdische Gelehrsamkeit und Religiosität ihren Ausgang nahmen.

„Es ist mittlerweile nicht mehr allgemein bekannt, dass wichtige Entwicklungen innerhalb unserer Religion in Bayern ihren Ausgangspunkt genommen haben. In Regensburg stand das Lehrhaus, an dem einer der größten jüdischen Gelehrten, Rabbenu Gershom, im 12. Jahrhundert wirkte. Sein Wort hatte Gewicht in der ganzen jüdischen Welt und seine Entscheidungen werden heute noch als bindende Gesetze geachtet.

Von Rabbi Shimon ben Jitzchak, genannt Rashi, der in Worms lebte und dessen Bedeutung für das Judentum gar nicht groß genug eingeschätzt werden kann, bis zu dem unvergessenen Rabbiner Leo Baeck, dem letzten großen Führer des deutschen Judentums vor der Katastrophe, spannt sich der weite Bogen jüdischer Religiosität auf deutschem Boden. An das Leben und Wirken von Leo Baeck erinnert ein Preis, den der Zentralrat der Juden in Deutschland vor einer Reihe von Jahren gestiftet hat.

Die Begegnung mit der jüdischen Religion wird eine der tragenden Säulen unserer Arbeit sein. Genauso wichtig wird die Auseinandersetzung mit der literarischen Tradition sein. Als Beispiel für unzählige andere möge der Name von Lion Feuchtwanger dienen, der ein Münchner war und der jetzt, nach so vielen Jahrzehnten, eine wohlverdiente Renaissance erlebt. Juden haben im musikalischen Leben dieses Landes stets eine bedeutende Rolle gespielt und tun es heute noch. Unvergessen ist die Ära, in der Bruno Walter die Bayerische Staatsoper leitete. Es ist, wie gesagt, nicht meine Absicht, Namen und Taten aufzuzählen. Ich möchte mich damit begnügen, festzustellen, dass es wohl kein Gebiet der Forschung, der Lehre, des wirtschaftlichen Lebens und der Verwaltung gibt, wo Juden in diesem Land nicht ihren Beitrag zum Wohl der Gemeinschaft geleistet haben."

Und auf die Gegenwart verweisend betonte ich:

„Dies wäre jetzt vielleicht der geeignete Ort, um mit großer Genugtuung darauf hinzuweisen, dass junge jüdische Menschen, die nach dem Krieg geboren wurden, in unserer Mitte auf sämtlichen Gebieten unseres Lebens tätig sind. Diesen Menschen gilt in besonderem Maße unser Gesellschaftszweck, auf sie wollen wir unseren Blick richten. Es gibt heute unter anderem wieder jüdische Wissenschaftler, Künstler, Schriftsteller, Ärzte und Rechtsanwälte, die in die Fußstapfen jener Menschen getreten sind, die gegen ihren Willen ihre Heimat und ihr Leben verloren haben. Für diese Menschen und für alle, die sich zum Judentum bekennen, seien sie in ihrer religiösen Praxis nun konservativ, orthodox oder liberal, sind wir da. Wenn es uns gelingt, zum allgemeinen kulturellen Leben in Bayern und in der Bundesrepublik einen Beitrag zu leisten, wenn es uns gelingt, die Verständigung zwischen den Menschen guten Willens über alle Schranken der Herkunft und der Geschichte hinweg zu fördern, werden wir erneut an die Macht des Wissens, der guten Worte und der guten Taten glauben können. Dann werden wir auch eines Tages wissen, dass wir wieder, trotz allem, unseren Platz in der Gemeinschaft eingenommen haben."

In den ersten Jahren nach der Gründung der Gesellschaft galt es zunächst, die entsprechenden Kontakte mit jüdischen Persönlichkeiten und jüdischen Organisationen herzustellen, vornehmlich in Israel und den USA. Natürlich war mir sehr daran gelegen, auch das Judentum in Mittel- und Osteuropa vorzustellen; aber in den 80er Jahren war dies noch schwierig, wegen der Beschränkung von Ausreisevisa in das westliche Ausland. Trotzdem gelang es, das Jiddische Theater in Warschau nach München zu holen. Neben dem Bukarester Jiddischen Theater ist das in Warschau das traditionsreichste Ensemble dieser Art auf der ganzen Welt. Das Interesse der Münchener Bevölkerung war groß, das Deutsche Theater war äußerst gut besucht. Eine große Resonanz fand die typisch jiddische Musik, die Klezmermusik. An einem der ersten Veranstaltungsabende konnte die weltbekannte Klezmerband „Kapelye" aus New York engagiert werden. Vorträge zur Geschichte und Religion des Judentums sollten Einblicke geben in die Denkweise und das religiöse Brauchtum des Judentums. Die Programmgestaltung in den ersten Jahren nach der Gründung war äußerst schwierig – das bescheidene Budget setzte enge Grenzen – um so positiver war die Resonanz in der Öffentlichkeit. Ich sah mich bestätigt, dass der eingeschlagene Weg richtig war. Das größte Verdienst an diesem gelungenen Start hatte meine Frau Ilse. Bis Oktober 1986 erledigte sie ihre Arbeit ohne eigenes Büro und Hilfskräfte und bis zum heutigen Tag ist ihre Tätigkeit ehrenamtlich. Erst seit Sommer 1995 steht ihr eine Halbtagskraft zur Seite. Meiner Frau Ilse ist es zu allererst zu verdanken, dass seit Beginn der 80er Jahre das jüdische Erbe wieder einen festen Platz im Kulturleben der Landeshauptstadt hat. Ich möchte ihr an dieser Stelle ausdrücklich herzlich danken für ihr Engagement und ihre Unermüdlichkeit, die sie seit nahezu 20 Jahren für die Gesellschaft aufbringt.

Nach der Eröffnung der 10. Jüdischen Kulturtage 1996 im Münchner Gasteig. Im Bild von links nach rechts: Oberbürgermeister Christian Ude, der Autor mit Frau Ilse

Seit 1987 veranstaltet die Gesellschaft jährlich eine jüdische Kulturwoche mit einem umfangreichen Programmangebot. Im Mittelpunkt der 1. Jüdischen Kulturwoche standen 1987 der jüdische Film, das jüdische Theater, das jüdische Liedgut und der jüdische Tanz. 1988 galt es in besonderer Weise des 9. November 1938 zu gedenken und des 40-jährigen Bestehens des Staates Israel.

1989, wenige Monate vor dem Fall der Mauer in Berlin, veranstaltete die Gesellschaft ein Symposium zum Thema: „Aspekte jüdischen Lebens und jüdischer Kultur in der DDR“. Referenten und Künstler aus der damaligen DDR konnten nach München eingeladen werden. Zugleich organisierte die Gesellschaft in Zusammenarbeit mit dem Haus der Bayerischen Geschichte eine Wanderausstellung „Die Juden in Deutschland – von der Römerzeit bis zur Weimarer Republik“. Anlässlich des 50. Jahrestages des Ausbruchs des Zweiten Weltkriegs organisierte die Gesellschaft in Zusammenarbeit mit der Bayerischen Landeszentrale für politische Bildungsarbeit eine Gedenkreise nach Polen. Das Reiseprogramm enthielt den Besuch von Gedenkstätten der Ghettoaufstände und den Besuch der Konzentrationslager Treblinka, Majdanek und Auschwitz. Die 3. Jüdischen Kulturtage 1990 waren dem jüdischen Erbe in Spanien gewidmet. In zahlreichen Vorträgen und Filmbeiträgen sollte die Kultur der spanischen Juden in Erinnerung gerufen werden, das Erbe der sefardischen Kultur.

Mehr als ein Jahrtausend war die iberische Halbinsel den Juden eine stabile Heimat; nicht immer im harmonischen Miteinander lebten die Sefardim mit ihren muselmanischen und christlichen Herren, doch in einer Nähe und in einem Klima gegenseitiger kultureller Durchdringung. 1492 erließ das Katholische Königreich Spanien das Vertreibungsedikt, das die meisten Juden zwang, das Land zu verlassen. Vieles, was dem heutigen Touristen typisch spanisch vorkommt, hat seine Wurzeln im jüdischen Erbe.

1991 widmeten sich die Kulturtage dem einstigen Judentum in Polen, der jüdischen Welt vor der Shoa. 1991 war auch das Jahr, in dem der 50. Jahrestag des Massakers an der Bevölkerung von Kiew in Babij Jar zu gedenken war. Wenige Monate nach dem Überfall der deutschen Wehrmacht auf die Sowjetunion fiel am 19. September 1941 die ukrainische Hauptstadt Kiew. Zehn Tage später, am 29. und 30. September, erschossen deutsche Sonderkommandos in der Schlucht von Babij Jar – zehn Kilometer von Kiew entfernt – innerhalb von 48 Stunden 33771 jüdische Männer, Frauen und Kinder aus der ukrainischen Hauptstadt. Nur wenige konnten diesem Inferno durch Zufall entkommen. Bis zur Befreiung Kiews durch die Rote Armee am 5. November 1943 dürften in der Schlucht von Babij Jar mindestens 150.000 Menschen, darunter mehr als 80.000 Juden, umgebracht worden sein. Diesen 50. Gedenktag in Babij Jar nahm die Gesellschaft zum Anlass, vor Ort eine Gedenkfeier abzuhalten. Im Beisein zahlreicher jüdischer und nichtjüdischer Bürger aus Kiew erinnerte ich an das unvorstellbare Vorgehen und Geschehen vor 50 Jahren. Worte des Gedenkens sprachen ein Vertreter des ukrainischen Innenministeriums und der damalige Staatssekretär des Bayerischen Innenministeriums Dr. Günther Beckstein. Das Fernsehen des Bayerischen Rundfunks hatte diese Gedenkstunde aufgezeichnet und acht Tage später unter der Redaktion von Andreas Bönte ausgestrahlt.

Im Jahr 1992 erinnerte die Gesellschaft an die Vertreibung der Juden aus Spanien vor 500 Jahren. Mit dem Edikt vom 31. März 1492 verfügte Fernando de Bregon die Ausweisung aller Juden aus Spanien. Die meisten ausgewiesenen spanischen Juden, die Sefarden, fanden in der Türkei eine neue Heimat. Dort leisteten die Sefarden auf allen Gebieten der Wissenschaften, der Kunst und der Wirtschaft einen bedeutsamen Beitrag für die kulturelle Blüte des Landes. Während all der Jahrhunderte genossen die Juden die Toleranz des türkischen Volkes. Nach dem Zweiten Weltkrieg wanderten viele türkische Juden aus – nach Frankreich, in die USA und nach Israel. Heute leben noch etwas mehr als 20.000 Juden in der Türkei.

Um die 1. Jahrtausendwende kamen die ersten Juden nach China. Sie benutzten die Seidenstraße, die wichtigste Handelsstraße zwischen dem Reich der Mitte und Europa. Eine Ausstellung mit dem Titel „Die Juden im Kaifeng“ im Bayerischen Hauptstaatsarchiv erinnerte an das jüdische Leben in China. Bis in das 19. Jahrhundert sind die Spuren jüdischer Gemeinden zu verfolgen. Seitdem verwischten sich die Spuren.

Den 50. Jahrestag der Befreiung von Auschwitz nutzte die Gesellschaft unter der Mitwirkung des damaligen Direktors der Landeszentrale für politische Bildungsarbeit, Dr. Heinrich Wackerbauer, zu einer Reise nach Krakau und Auschwitz. Eine Kranzniederlegung in der Gedenkstätte des ehemaligen Konzentrationslagers Auschwitz-Birkenau sowie der Besuch historischer Stätten der Juden in Krakau sollten die Erinnerung an die unzähligen Opfer sowie das einstige jüdische Leben in dieser Region wach halten.

Im gleichen Jahr erinnerte eine Ausstellung an Leben und Werk des Schriftstellers Joseph Roth. Mit der jüdischen Arbeiterbewegung bin ich seit meiner Jugend vertraut, war doch der eine meiner älteren Brüder im „Bund“ engagiert. Deshalb lag mir daran, einmal in einer Ausstellung über die in sozialer und ideologischer Hinsicht sehr vielschichtige Bewegung zu informieren. Sie nahm ihren Ausgang in Osteuropa; sie umfasste politische Parteien und Gewerkschaften, aber auch

Mit meinen beiden Kindern Peter und Jona in Auschwitz

Bildungs- und Sozialeinrichtungen. Zu den bedeutendsten Gruppierungen der jüdischen Arbeiterbewegung zählte der „Bund“; sein politisches Ziel war in erster Linie, für die Rechte der jüdischen Arbeiter und für die Anerkennung der jüdischen Minderheitsrechte zu kämpfen. Mir persönlich lag an dieser Ausstellung deshalb soviel, weil sie einem auch heute noch weit verbreiteten Klischee entgegentreten sollte, in dem vom „bolschewistischen Juden“ die Rede ist. Vor allem die Nazis nutzten dieses Klischee für ihr tödliches Hassbild gegenüber dem Judentum.

Trotz der systematischen Ausrottung der Juden in Osteuropa im Verlaufe des Zweiten Weltkrieges, gibt es auch heute dort noch jüdisches Leben. So nahm die Gesellschaft den 60. Jahrestag des Ausbruchs des Zweiten Weltkrieges zum Anlass, eine Blick nach Polen, nach Ungarn und Tschechien zu werfen, nachzufragen, wie dort jüdisches Leben und jüdische Tradition heute gepflegt wird. Zweifellos hat der Niedergang der kommunistischen Regime auch den jüdischen Minderheiten in diesen Ländern wieder die Chancen der Entfaltung gegeben.

Eröffnung der Ausstellung im Bayerischen Hauptstaatsarchiv „Hoffnung trotz allem" 1997. Im Bild von links nach rechts: Staatsminister Hans Zehetmair, Autor mit Frau Ilse, Landtagspräsident Johann Böhm, Senator Prof. H. Schmitz

Rundgang durch die Ausstellung „Hoffnung trotz allem" im Bayerischen Hauptstaatsarchiv 1997. Im Bild: Staatsminister Hans Zehetmair und der Autor

1997 konnte ich im Bayerischen Staatsarchiv eine Ausstellung zum Thema „Hoffnung trotz allem“ eröffnen. An dieser Ausstellung war mir persönlich sehr viel gelegen, weil sie das jüdische Leben in Bayern nach 1945 sowie das jüdische Kulturleben nach 1981 dokumentierte. In dieser Ausstellung konnte gezeigt werden, wie aus Schutt und Asche, die der Nationalsozialismus hinterlassen hat, wieder neues Leben sprießen konnte.

Gewiss gebe ich mit diesen Hinweisen nur einen kleinen Ausschnitt von der Vielfalt des Programmangebots wieder, das die Gesellschaft seit 1982 erarbeitet und durchgeführt hat. Ohne die Unterstützung von Seiten des Freistaates Bayern und dem Beistand der Stadt München hätte die Gesellschaft ihre Arbeit so nicht erledigen können. Mir ist es ein Bedürfnis, dafür meinen Dank auszusprechen. Es erfüllt mich mit Freude, wie weite Kreise der Bevölkerung an unseren Veranstaltungen Anteil nehmen. Die gegenseitige Wahrnehmung kultureller Traditionen ist aus meiner Sicht ein unverzichtbarer Beitrag für den gesellschaftlichen Frieden. Im Laufe der letzten zwei Jahrzehnte ist die Gesellschaft zur Förderung jüdischer Kultur und Tradition ein fester Bestandteil der Münchner kulturellen Szene geworden. Vor allem die junge Generation hat unser Programmangebot von Jahr zu Jahr mehr angenommen. Das stimmt mich zuversichtlich und bestätigt mich, dass ich 1981 die Gesellschaft ins Leben gerufen habe.

Bei allem Erfolg, auf den ich mit Stolz blicke, die Idee einer jüdischen Akademie habe ich nicht aufgegeben. Ob mir angesichts meines Alters noch die Zeit und die Kraft dafür bleiben, das weiß ich nicht.

1996 konnten meine Frau und ich auf 15 Jahre „Gesellschaft zur Förderung jüdischer Kultur und Tradition“ und auf 10 Jahre Jüdischer Kulturtage in München zurückschauen. Die Bilanz kann sich sehen lassen. In seinem Grußwort schrieb der Staatsminister für Unterricht, Kultus, Wissenschaft und Kunst, Hans Zehetmair: „Ich gratuliere der Gesellschaft zur Förderung jüdischer Kultur und Tradition e.V. sehr herzlich und wünsche ihr weiterhin viel Erfolg bei ihrem Bestreben, die jüdische Kultur und Tradition wieder zu einem selbstverständlichen Bestandteil unseres bayerischen und Münchner Kulturlebens zu machen.“ Staatsminister Hans Zehetmair hat unsere Arbeit von Anbeginn mit großem persönlichem Interesse begleitet und uns auch nach Möglichkeit unterstützt. Ich möchte ihm dafür persönlich Dank sagen. Der Oberbürgermeister der Landeshauptstadt, Christian Ude, der der Gesellschaft im Gasteig oder im Münchner Rathaus stets die notwendigen Räumlichkeiten für unsere Veranstaltungen zur Verfügung stellt, schrieb in seinem Grußwort: „Zum einen wurde hier ein leuchtendes Beispiel gegeben für die Vielfalt und den Reichtum jüdischer Kultur. Obwohl in den vergangenen Jahrhunderten immer nur ein verhältnismäßig kleiner Anteil der Münchner Bevölkerung jüdischen Glaubens war, haben jüdische Männer und Frauen das kulturelle Leben in unserer Stadt doch ganz wesentlich beeinflusst und geprägt. Zum anderen aber hat München als ehemalige „Hauptstadt der Bewegung" auch ein besonders beschämendes Beispiel gegeben für die Diskriminierung, Verfolgung und Vernichtung jüdischen Lebens und jüdischer Kultur. Dass nach 1945 sich überhaupt noch jüdisches Leben regte in unserer Stadt, mag angesichts dessen wie ein Wunder erscheinen; dass dieses Wunder dennoch geschah, dass in München wieder die drittgrößte jüdische Gemeinde der Bundesrepublik Deutschland entstehen konnte, ist sicher eine der positivsten und erfreulichsten Entwicklungen, die es in unserer Stadt in den letzten 50 Jahren gegeben hat. Damit gratuliere ich der Gesellschaft und ihrem Vorsitzendem."

Der Präsident des Deutschen Koordinierungsrates der Gesellschaften für Christlich-Jüdische Zusammenarbeit, Landesrabbiner von Westfalen-Lippe, Dr. h.c. Henry G. Brandt, schrieb: „Das Wissen von und über den anderen ist immer ein erster und großer Schritt zum Abbau von Vorurteilen und Hass. Gerade in diesen Tagen, in denen sich in der westlichen Welt der Anfang einer möglichen Wende in den Beziehungen zwischen den religiösen Konfessionen in der westlichen Welt abzeichnet, kann man die Arbeit der Gesellschaft zur Förderung jüdischer Kultur und Tradition nicht hoch genug einschätzen. Sie versucht, einem breiten Publikum die vielen Facetten jüdischer Lehre, Kultur und Kunst zu vermitteln und Menschen sowohl geschichtliche als auch ethische Aspekte des Judentums in ihrer Relevanz für unsere Zeit nahe zu bringen."

An meine Frau Ilse schrieb die Künstlerin und Organisatorin der Tage der Jiddischen Kultur in Berlin, Jalda Rebling, folgenden Brief: „Liebe Ilse Snopkowski, Ihre Programme haben in diesen Jahren wunderbare Künstler und Wissenschaftler nach München geführt. Einmalige Ausstellungen und wichtige Filme haben Sie nach München geholt. Ihre jahrelangen Bemühungen um unsere vielfältige jüdische Kultur sind so wichtig für die Begegnung in Deutschland. Nicht nur, dass Sie in Deutschland bisher kaum Bekanntes ins Licht der Öffentlichkeit geholt haben, Sie haben auch sehr berühmten jüdischen Künstlern die Angst vor Deutschland genommen, die ohne Ihre Einladung vielleicht nie gekommen wären. München ist reicher dadurch geworden."

7. Kapitel
Landesverband – Staatsvertrag

Als ich am 14. August 1997 zusammen mit dem Bayerischen Ministerpräsidenten Dr. Edmund Stoiber im Marmorsaal des Prinz-Carl-Palais den Staatsvertrag zwischen dem Landesverband der Israelitischen Kultusgemeinden in Bayern und dem Freistaat Bayern unterzeichnen konnte, war eine lange und schwierige Wegstrecke zurückgelegt. Die ersten Überlegungen und Vorstöße in Richtung eines Staatsvertrages machte ich bereits in den 70er Jahren. Als ich 1971 zum Präsidenten des Landesverbandes gewählt wurde, reifte in mir zugleich der Entschluss, den jüdischen Gemeinden in Bayern eine dauerhafte Zukunft zu sichern.

Gegründet wurde der Landesverband bereits im Jahre 1947. Der Staatskommissar Dr. Philipp Auerbach schrieb am 13. Januar 1947 an den Staatsminister des Innern, J. Seifert, folgenden Brief: „Sehr geehrter Herr Minister! Ich habe die Ehre, Ihnen mitzuteilen, dass ich in der verfassungsgebenden Sitzung am 12. Januar, an der die Vertreter der traditionellen deutsch-jüdischen Gemeinden in München, Augsburg, Nürnberg, Fürth und Würzburg teilnahmen, einen Landesverband der Israelitischen Kultusgemeinden gegründet habe. Die Satzung des Verbandes erlaube ich mir, Ihnen anliegend zu überreichen." Es verging ein halbes Jahr, bis der Brief von Dr. Auerbach beantwortet wurde. Am 11. August 1947 schrieb der damalige Staatsminister für Unterricht und Kultus, Dr. Dr. Alois Hundhammer, an den Landesverband: „Dem neu geschaffenen Landesverband der Israelitischen Kultusgemeinden Bayerns wird antragsgemäß die Eigenschaft einer Körperschaft des öffentlichen Rechts verliehen…" Die jüdischen Gemeinden in Bayern hatten bereits vor 1933 einen ähnlichen Dachverband, nämlich den „Verband der bayerischen israelitischen Gemeinden". Dieser wurde 1921 gegründet und 1935 von den Nazis aufgelöst.

Der Landesverband ist die Dachorganisation der 12 Kultusgemeinden. Mit ihm bin ich seit 1961 aufs engste verbunden und vertraut. 1961 wurde ich zum Vizepräsidenten gewählt und dem damaligen Präsidenten, Heinz Meier zur Seite gestellt. 10 Jahre später, 1971, wählten mich die Delegierten der 12 bayerischen Kultusgemeinden zum Präsidenten. Im kommenden Jahr 2001 werden es 30 Jahre, dass ich diese Funktion ohne Unterbrechung inne habe. Wenn ich heute als 75-Jähriger auf diese drei Jahrzehnte zurückschaue, dann möchte ich keinen Tag, keine Woche und keinen Monat missen. Natürlich erfuhr ich in diesen knapp 30 Jahren Rückschläge und Blockaden, aber sie hinderten mich nicht daran, meine Ziele unbeirrt im Auge zu halten, nämlich den jüdischen Bürgern in Bayern eine gesicherte und dauerhafte Perspektive zu verschaffen.

Der Landesverband ist seit seiner Gründung 1947 eine „Körperschaft des öffentlichen Rechts". Diese Rechtsform setzt die Kultusgemeinden und den Landesverband in die Lage, die eigenen Angelegenheiten in selbständiger Verantwortung wahrzunehmen. Die Aufgaben, die dem Landesverband obliegen, sind vielfältiger Art und werden in den Statuten im einzelnen beschrieben:

die Förderung der allgemeinen religiösen,
sozialen, erzieherischen und kulturellen
Angelegenheiten

die Vertretung der Verbandsgemeinden
gegenüber allen staatlichen Behörden in den
Bereichen, die sich auf das Verhältnis der
Religionsgemeinschaft zum Freistaat beziehen

die Vertretung der Verbandsgemeinden im
Hinblick auf die Sicherung ihres Bestandes

die religiöse, kulturelle und soziale Fürsorge der
nach 1945 entstandenen Gemeinden sowie aller
in Bayern verstreut lebenden Angehörigen der
jüdischen Religionsgemeinschaft, soweit sie
keiner bestehenden Gemeinde angehören…

die Betreuung der jüdischen Friedhöfe in Bayern

die Vertretung der bayerischen Kultusgemeinden gegenüber den jüdischen Organisationen auf nationaler oder internationaler Ebene

die Aufsicht über den Bestand und die Erhaltung des Grundvermögens der Gemeinden

die Entscheidung über die Auflösung von Gemeinden und deren Vermögensaufteilung.

Bis 1951 existierte neben dem Landesverband noch das „Zentralkomitee der befreiten Juden in der US-Zone". Diese Organisation entstand unmittelbar nach dem Zweiten Weltkrieg durch die Initiative der Überlebenden, quasi als Vertretung und Sprachrohr der aus allen Himmelsrichtungen nach Bayern und Hessen strömenden Juden. Die meisten von ihnen verließen Deutschland nach wenigen Jahren, um in Israel oder Amerika eine neue Heimat zu finden. Diese Auswanderung hatte zur Folge, dass viele ad hoc gegründeten Einrichtungen mehr und mehr verwaisten und ihre Arbeit einstellen mussten. So auch die zionistische Föderation und das oben erwähnte Zentralkomitee.

Als ich 1961 meine Tätigkeit als Vizepräsident und 1971 als Präsident des Landesverbandes aufnahm, waren die Spuren, die das Dritte Reich hinterlassen hatte, noch überall in Bayern sichtbar. Es fehlte an allem, was für eine Kultusgemeinde essentiell ist. Es mangelte an Synagogen und Bethäusern, an Rabbinern und Lehrern und an dem notwendigsten Personal für die Aufrechterhaltung eines halbwegs zufriedenstellenden Gemeindelebens. Die meisten der von den Nazis zerstörten oder verwüsteten Synagogen konnten erst in den 70er oder 80er Jahren wiedererrichtet werden. In Straubing, Würzburg und Regensburg 1970; in Bayreuth und Floß 1980, in Ansbach und Augsburg 1985.

Um den Mangel an Personal einigermaßen zu beheben, beschäftigte der Landesverband über viele Jahre Wanderlehrer, die kreuz und quer durch Bayern zogen, um auch in den entlegensten Orten den Kindern Religionsunterricht zu erteilen. Auch Wanderschächter beschäftigte der Landesverband über eine lange Zeit, damit die Mitglieder der Kultusgemeinde mit koscherem Fleisch versorgt werden konnten.

Rabbiner David Kahane Spiro, eine hoch geschätzte Religionsautorität. Überlebender des Warschauer Ghettos und des KZ-Dachau. Er lebte nach dem Krieg in Fürth.

Über all die Jahrzehnte, die ich an der Spitze des Landesverbandes stehe, war es mir ein besonderes Anliegen, die religiöse Erziehung der jüdischen Kinder und Jugendlichen in Bayern nicht nur zu gewährleisten, sondern bestmöglich zu gestalten. Und in diesem Zusammenhang will ich des Rabbiners David Kahane Spiro gedenken, einer hoch geschätzten jüdischen Religionsautorität nach dem Krieg in Bayern. Er stammte aus Warschau und war nach 1945 viele Jahre in Fürth tätig.

Rabbiner Spiro überlebte das Warschauer Ghetto und das Konzentrationslager in Dachau. Seine tiefe Religiösität hat mich zeit seines Lebens tief beeindruckt. Ich bin ihm oft und gerne begegnet. Bei solchen Gelegenheiten sprachen wir über unsere gemeinsame Vergangenheit als Überlebende, er von seinem Erleben im Warschauer Ghetto und ich von meinem Erleben in den verschiedenen Konzentrationslagern. Im Herbst 1940 errichtete die deutsche Besatzungsmacht das jüdische Ghetto in Warschau. Nahezu 400.000 Juden wurden unter grauenvollen Bedingungen auf dem nur vier Quadratkilometer großen Gebiet zusammengepfercht. Für die meisten wurde das Ghetto zur tödlichen Falle. Sie starben an Kälte, Hunger und Krankheiten oder fielen den Mordaktionen der Besatzungsmacht zum Opfer. Die Überlebenden des Aufstandes vom April/Mai 1943 wurden in die Vernichtungslager deportiert und das Ghetto dem Erdboden gleichgemacht. Spiro war einer der letzten drei Rabbiner im Ghetto. Kurz vor der Liquidierung des Ghettos machten Vertreter der Katholischen Kirche in Warschau diesen drei Rabbinern das Angebot, sie zu retten. Die ganze Nacht – so erzählte mir Spiro später – überlegten die drei, was sie tun sollten; sollten sie das Angebot des möglichen Überlebens annehmen oder sollten sie bei den ihren bleiben und mit ihnen das Schicksal der Vernichtung teilen. Die drei erlebten schwere Stunden; gemeinsam beschlossen sie, das Angebot abzulehnen und zu bleiben. Spiro überlebte als einziger von den Dreien, während seine beiden Mitbrüder im Ghetto den Tod fanden. Als mir Rabbiner Spiro eines Tages von dieser Nacht berichtete, war ich tief beeindruckt von dem Mut und der Entschlossenheit im Widerstand gegen den unausweichlichen Tod und gegen die Macht des Bösen. Kurz vor seinem Tod, reiste Rabbiner Spiro nach Jerusalem. Seinem ausdrücklichen Wunsch entsprechend begleitete ich den schwer Erkrankten auf dieser Reise. Wenige Tage nach seiner Ankunft in Jerusalem starb er am 17. Oktober 1970. Unter großer Anteilnahme der Bevölkerung begleitete auch ich ihn auf seinem letzten Weg.

Für eine Minderheit, die die Juden in Bayern darstellen, ist Kommunikation besonders wichtig. So rief ich 1984 ein „Mitteilungsblatt" des Landeverbandes ins Leben, in dessen Editorial ich regelmäßig zum allgemeinen politischen und gesellschaftlichen Zeitgeschehen aus jüdischer Sicht Stellung beziehe. Die Beiträge zu Politik, Kultur, Literatur und Religion finden nicht nur bei den Mitgliedsgemeinden großen Zuspruch, auch im übrigen Bundesgebiet, ja sogar im Ausland haben diese eine höchst lobende Leserschaft. Erwähnen möchte ich an dieser Stelle auch die jeden Freitag im Bayerischen Rundfunk ausgestrahlte religiöse Feier des Landesverbandes der Israelitischen Kultusgemeinden in Bayern. Die darin enthaltene Ansprache eines Rabbiners findet großen Anklang bei den jüdischen Mitbürgern und darüber hinaus bei den Hörer des Rundfunks. Seit 1950 ist diese religiöse Feier ein fester Bestandteil im Programm des Bayerischen Rundfunks. Um die jüdischen Belange und Interessen in den Medien allgemein zu wahren, entsendet der Landesverband je einen Vertreter in die Aufsichtsgremien des BR und des Medienrates.

Unmittelbar nach dem Krieg wurden in München zwei jüdische Zeitungen gegründet. Die „Neuen Jüdischen Nachrichten" erschienen in jüdischer Sprache. Die Herausgeber waren die Gebrüder Garfinkel. Die zweite Zeitung war „Die Münchner jüdischen Nachrichten". Sie erschien in deutscher Sprache. Ihr Gründer und Herausgeber war Moses Lustig. Beide Zeitungen wurden bis zu ihrer Einstellung vom Landesverband finanziell unterstützt. Nachdem die Herausgeber verstarben, mussten die beiden Blätter eingestellt werden. Ein Ersatz sollte ab 1984 das „Mitteilungsblatt" des Landesverbandes werden.

Um den vielgefächerten Aufgaben gerecht zu werden, hat der Landesverband eine Reihe von Referaten geschaffen. Da ist einmal die Kirchensteuerabteilung zu nennen, die die Einnahmen aus der Kirchensteuer verwaltet und an die jeweiligen Gemeinden weiterleitet. 1956 wurde im Landesverband das Referat für Wiedergutmachung eingerichtet. Es war den Verfolgten des Nazi-Regimes bei der Regelung ihrer Ansprüche behilflich, die nach dem Bundesentschädigungsgesetz fällig waren. Dieses Referat wurde jeweils von den Geschäftsführern des Landesverbandes geleitet, die stets zugleich Juristen waren.

Friedhöfe sind für die Juden besondere Stätten. Deshalb wurde bereits 1954 ein Friedhofsdezernat gegründet. Dieser Abteilung oblag es zunächst, die 123 geschlossenen jüdischen Friedhöfe in Bayern wieder in einen würdigen Zustand zu versetzen und zu erhalten. Dass gerade jüdische Friedhöfe bis heute ein bevorzugtes Objekt rechtsradikaler Kreise oder eines nihilistischen Vandalismus sind, ist für mich kein bedauerlicher Vorfall, sondern Besorgnis erregend und ein ernster Hinweis dafür, dass die Würde und die Rechte einer Minderheit des besonderen Schutzes der Gesellschaft und des Staats bedürfen. An dieser Stelle will ich an Stefan Schwarz erinnern, der viele Jahrzehnte das Friedhofsreferat mit voller Hingabe geleitet hat und der zugleich als stellvertretender Geschäftsführer des Landesverbandes eng an meiner Seite stand. Das Friedhofsreferat ist zugleich zuständig für das Archiv des Landesverbandes, das über einen beachtlichen Fundus an Urkunden und Dokumenten verfügt. Viele Dokumente wie Geburts-, Heirats- oder Sterbeurkunden reichen bis ins 18. Jahrhundert zurück. So ist das Archiv des Landesverbandes eine bevorzugte Anlaufstelle für Anfragen aus dem In- und Ausland und eine Fundgrube für die Familienforschung. Vieles an Urkunden und an Dokumenten ist durch die Nazis unwiederbringlich zerstört worden. Deshalb ist es dem Landesverband ein besonderes Anliegen, noch vorhandene Dokumente zu erhalten. Der 1. Geschäftsführer seit Gründung des Landesverbandes bis 1970 war Magister Tobias Berkal.

Im jüdischen Gemeindeleben hat der soziale Bereich traditionell einen großen Stellenwert. Alten, Kranken und verarmten Menschen zu helfen, ist für den gläubigen Juden nicht bloß eine gesellschaftliche Angelegenheit, sondern religiöse Pflicht. Über viele Jahre habe ich den Landesverband in der Zentralwohlfahrtsstelle der Juden in Deutschland vertreten und mich um eine besonders enge Zusammenarbeit bemüht. So gelang es mir über die unmittelbaren sozialen Dienste hinaus, auch Vorsorge für die Fort- und Weiterbildung zu treffen. Regelmäßig nahmen Sozialarbeiter, Altenpfleger, Religionslehrer und Lehrer an den Fortbildungsseminaren der Zentralwohlfahrtsstelle in Frankfurt teil.

Der Auf- und Ausbau der jüdischen Kultusgemeinden in Bayern – ich habe darüber im 5. Kapitel berichtet – hatte für mich in den zurückliegenden Jahrzehnten höchste Priorität. Aber mich trieb auch die Frage um, wie lässt sich das Erreichte auf die Dauer sichern und konsolidieren, wie ist es möglich, den jüdischen Bürgern in Bayern eine Perspektive für die Zukunft zu geben, wie lassen sich für die jüdische Glaubensgemeinschaft geklärte Verhältnisse und Regelungen herstellen, wie sie für die Katholiken und Protestanten in Bayern selbstverständlich sind. So sehr ich immer darauf bedacht war, dass jüdischer Kult und jüdische Tradition sich frei entfalten können, so sehr lag mein Interesse auch daran, dass die Juden in Bayern nicht isoliert von der Gesellschaft bleiben. Zutiefst habe ich persönlich erfahren, was es bedeutet, in einem Ghetto zu leben.

Als ich 1971 das Präsidium im Landesverband übernahm, hatte ich bereits mehr als 20 Jahre Erfahrungen sammeln können über das Leben eines Juden in Bayern. Spätestens nach meinem Studium und meiner Ausbildung als Facharzt für Chirurgie war meine Entscheidung hier zu bleiben, gereift und gefestigt. Ich machte die Erfahrung, dass die entscheidenden Kriterien für eine berufliche Karriere Kompetenz und fachliches Können sind. Dass ich Jude bin, sollte keine Rolle spielen. Dies stützte in mir die Überzeugung, dass es möglich ist, eine berufliche Karriere in Einklang zu bringen mit dem Engagement für die eigene Religionsgemeinschaft. Ich verspürte, dass die Zeit reif geworden war, Schritte zu wagen, die über die bloße Existenzsicherung jüdischen Lebens in Bayern hinausgehen. Warum nicht, so dachte ich schon in den 70er Jahren, auf einen Zustand hinarbeiten, der meine Religionsgemeinschaft gleichstellt mit den beiden christlichen Kirchen. Die Idee von einem Staatsvertrag zwischen dem Freistaat Bayern und dem Landesverband ließ mich nicht mehr los. Ein solcher Vertrag könnte für die jüdischen Gemeinden bindende Garantien schaffen und Vertrauen, dass es sich lohnt, in diesem Lande zu leben. Und ein solcher Vertrag könnte von Seiten des Freistaates zum Ausdruck bringen, dass man es ernst meint mit dem, was bei besonderen Anlässen in den Reden von Politikern und Inhabern öffentlicher Ämter gegenüber uns Juden zum Ausdruck gebracht wird, nämlich Normalität im Zusammenleben von Juden und Nichtjuden. Ich wollte es einfach wissen, was an Substanz hinter solchen Aussagen steckt.

Meine ersten Sondierungsgespräche in diese Richtung waren alles andere als erfolgreich. Als Präsident des Landesverbandes bin ich ex officio verpflichtet, die Interessen der jüdischen Gemeinschaft offensiv gegenüber dem Freistaat und der Öffentlichkeit zu vertreten. Aber sehr bald verspürte ich, dass ich mich auf einen langen und schwierigen Weg begeben hatte. Aber weshalb sollte ich aufgeben, dieses Ziel weiter zu verfolgen. Bestand nicht mein bisheriges Leben im Überwinden von Hindernissen und Schwierigkeiten, dachte ich mir. So blieb ich hart am Wind, wie man in der Seglersprache zu sagen pflegt, blieb beständig, ja hartnäckig. Die alten Lateiner pflegten zu sagen: „svaviter in modo, fortiter in re“. Daran hielt ich mich und ließ das Ziel, mochte es noch so fern sein, nicht mehr aus dem Auge.

Als ich begann, im Laufe der 70er und 80er Jahre gegenüber Vertretern der Bayerischen Staatskanzlei über meine Zielvorstellungen zu sprechen, da wurde mir immer der Artikel 145, Absatz 2 der Bayerischen Verfassung entgegen gehalten. In diesem Artikel werden die öffentlichen Leistungen des Staates an die Religionsgemeinschaften behandelt. Und im Absatz 2 des Artikels 145 heißt es: „Neue freiwillige Leistungen des Staates, der politischen Gemeinden und Gemeindeverbände an eine Religionsgemeinschaft werden durch Zuschläge zu den Staatssteuern und Umlage der Angehörigen dieser Religionsgemeinschaften aufgebracht." Unter Hinweis auf diesen Artikel der Bayerischen Verfassung war für meine Gesprächspartner das Thema beendet. Aber ich kam bald dahinter, dass sich meine Gesprächspartner hinter Artikel 145, Absatz 2 verschanzten und offenbar nicht willens waren, einen Verfassungsartikel mit Leben und Wirklichkeit zu füllen. Als die Verfassungsväter diesen Artikel 1946 formulierten, da dachten sie in erster Linie an die beiden großen christlichen Konfessionen. Dass eines Tages in Bayern auch wieder jüdische Gemeinden existieren könnten und auch wollten, diese Perspektive war 1946 nach den Vernichtungsschlägen des Nationalsozialismus gegenüber dem Judentum alles andere als vorstellbar.

Vor dem Hintergrund meiner eigenen Lebenserfahrung und den Millionen jüdischer Opfer durch die Nazis wollte ich mich mit einer solchen Verfassungsinterpretation nicht abfinden. Schließlich wäre jeder Verfassungsartikel ein toter Buchstabe, würde man nicht die historische Vergangenheit mit einbeziehen. So hielt ich immer dagegen, dass man doch begreifen möge, dass der Großteil der Juden, die vor dem Dritten Reich in Bayern gelebt haben, in den Konzentrationslagern umgekommen sind. Trotz meiner Hartnäckigkeit gelang es mir nicht, die Hürden dieses Verfassungsartikels zu überwinden. Das einzige, was ich in den 70er und 80er Jahren erreichte, war, dass die Pauschalzuwendungen von Fall zu Fall erhöht wurden und dass ich Einmalzahlungen erhielt für bestimmte Projekte. Eines dieser Projekte war die Gründung der „Gesellschaft für jüdische Kultur und Tradition".

Als Franz Josef Strauß 1978 von Bonn nach München zurückkehrte und Bayerischer Ministerpräsident wurde, lockerte sich die Gesprächsatmosphäre. Strauß war ein historisch bewanderter und bewusster Politiker. Schon als Bundesverteidigungsminister hat er in den 60er Jahren dem bedrängten jüdischen Staat nicht nur Sympathie, sondern tatkräftige, konkrete Hilfe erwiesen. Und so stieß ich bei ihm mit meinen Zielsetzungen auf ein gewisses Verständnis; er signalisierte mir, dass es reale Chancen für ein vertragliches Abkommen geben könnte. Franz Josef Strauß war klar, dass das Verhältnis zwischen dem Freitstaat und der jüdischen Religionsgemeinschaft einer dauerhaften soliden Grundlage bedurfte. Er wies seinen damaligen Minister in der Staatskanzlei, Dr. Edmund Stoiber, an, sich um die Angelegenheiten zu kümmern. So kam es Mitte der 80er Jahre, dass der Landesverband jährlich feste finanzielle Zuwendungen vom Freistaat erhielt. Verglichen zu den Jahrzehnten davor betrachtete ich diese Pauschalzuwendungen als einen beträchtlichen Erfolg. Der Landesverband war in der Lage, mit diesen Zuwendungen die notwendigsten Belange der Gemeinden abzudecken. Genauso wichtig wie dieser Erfolg war für mich die Tatsache, dass ich von nun an das Gefühl hatte, in Dr. Edmund Stoiber einen offenen und verlässlichen Gesprächspartner gefunden zu haben.

Nach dem plötzlichen Tod von Franz Josef Strauß wurde Dr. Stoiber Innenminister. Ob es Zufall oder Fügung war, der Golfkrieg 1991 führte zu zahlreichen Gesprächen mit dem Innenminister, der ja zugleich für die Sicherheit zuständig, in besonderer Weise bedacht war, dass die jüdischen Einrichtungen vor Terroranschlägen geschützt sind. Wer sich dieser Wochen in den ersten Monaten des Jahres 1991 erinnert, der weiß, wie gespannt damals die innenpolitische Situation war. Man musste zu jeder Stunde mit Überfällen oder Terrorakten rechnen. Die Bayerische Staatsregierung und in Sonderheit der damalige Innenminister veranlassten das Menschenmögliche an Sicherheitsvorkehrungen. Dem Landesverband wurden zusätzliche Mittel zur Verfügung gestellt, um seinerseits die eigenen Einrichtungen zu schützen.

Im Frühsommer 1993 wurde Dr. Edmund Stoiber nach dem Rücktritt von Max Streibl Ministerpräsident. Ich schöpfte neue Hoffnungen. Mit Dr. Stoiber hatte ich über all die Jahre als Chef der Staatskanzlei und als späterer Innenminister zahlreiche Verhandlungen geführt. Ihm waren die Probleme der jüdischen Gemeinden vertraut und er wusste von meinen Zielvorstellungen. Es war noch im Jahre 1993, als der Bayerische Ministerpräsident seinen Ministerialdirektor Dr. Rudolf Hanisch beauftragte, mit mir und dem Landesverband in konkrete Verhandlungen einzutreten. Mir schien, dass nun die Phase „wohlwollender Prüfungen“ überwunden war.

Während der Amtszeit von Ministerpräsident Strauß ist es mir gelungen, die jährlichen finanziellen Zuwendungen zu erhöhen. Aber diese Zuwendungen erfolgten von Seiten des Freistaates auf freiwilliger Basis; sie hätten jederzeit auch wieder gestrichen werden können. Eines Tages teilte ich Ministerpräsident Franz Josef Strauß mit, dass ich vom Amt des Präsidenten des Landesverbandes zurücktreten müsse, wenn es nicht gelinge, die Blockade des Artikel 145 aufzulösen. Mit einer reinen juristischen Interpretation dieses Verfassungsartikels war an ein Weiterkommen nicht zu denken. Es musste eine politische Entscheidung getroffen werden. Die Äußerungen meines Rücktritts hatten ihre Wirkung nicht verfehlt. Der Ministerpräsident veranlasste seinen Chef der Staatskanzlei, Dr. Edmund Stoiber, mit mir eine grundsätzliche Unterredung zu führen. Stoiber war auf dieses Gespräch gut vorbereitet. Er zog genaueste Erkundigungen ein über den Zustand und den Bedarf der Gemeinden. Das Gespräch zog sich über viele Stunden hin. Ich habe diese Unterredung noch gut in Erinnerung. Ich verließ die Verhandlungsrunde zwar nicht mit der Zusage eines Staatsvertrages, wohl aber konnten wir übereinkommen, dass die jährlichen Zuwendungen von Seiten des Freistaates spürbar erhöht wurden. Dieses Ergebnis war für mich zweifellos ein Erfolg, aber am Ziel war ich noch nicht.

Immerhin konnte ich nun als Vorsitzender des Landesverbandes daran gehen, das spirituelle Leben in den Gemeinden zu verbessern. Es konnten der eine oder andere Religionslehrer und Rabbiner angestellt und die jüdischen Schulen besser ausgestattet werden. Eine Aufstockung des Personals in den vielfältigen sozialen Einrichtungen, den Kindergärten, Krankenstationen und Altenheimen war nun möglich. Dennoch: ein Staatsvertrag war immer noch nicht in Reichweite, wie er bereits in anderen Bundesländern existierte. Warum sollte nicht auch in Bayern möglich sein, was in Hessen, Nordrhein-Westfalen oder in Berlin längst Wirklichkeit war.

Mit dem Fall der Mauer in Berlin und des Eisernen Vorhanges in Deutschland, dem Zusammenbruch der kommunistischen Regime in Osteuropa und in der Sowjetunion, entstanden auch für uns in Bayern neue Probleme. Tausende und Abertausende jüdische Bürger verließen ihre Heimat, um in Israel oder im Westen Europas ein neues Zuhause zu suchen. Viele dieser Flüchtlinge aus dem Osten hatten Jahrzehnte auf ihre Auswanderung gewartet. Nun, nachdem die Regimegrenzen gefallen waren, ergriffen sie die Gelegenheit der Emigration. Um dem Strom dieser Flüchtlinge einigermaßen Herr zu werden, haben sich der Bund, die Länder und der Zentralrat dahin gehend geeinigt, den einzelnen Bundesländern bestimmte Kontingente zuzuweisen. Diese neue Zuwanderungswelle stellte mich und meine Mitarbeiter im Landesverband vor neue, schwierige Herausforderungen. Mir war es in diesem Zusammenhang wichtig, dass die Neuzuwanderer in erster Linie dort eine neue Bleibe finden sollten, wo bereits jüdische Gemeinden existierten. Neue Gemeinden zu gründen, scheiterte an den notwendigen finanziellen Reserven. Die meisten jüdischen Bürger kamen aus der ehemaligen Sowjetunion. Dort lebten sie verstreut in einer religionsfeindlichen Umgebung. Ich legte deshalb Wert darauf, dass neben der Unterbringung die spirituelle Seite nicht zu kurz kam. In Zusammenarbeit mit dem Sozialministerium, das sich sehr kooperativ erwies, konnte die Basis für die wichtigsten materiellen Lebensbedingungen geschaffen werden.

Die Zahl der Neuzuwanderer beläuft sich seit Mitte der 90er Jahre auf ca. 4.000 Personen. Die einzelnen Gemeinden, die meist überaltet waren, erfuhren durch die Flüchtlinge aus dem Osten eine spürbare Verjüngung, ein erfreulicher Aspekt, den ich nicht unerwähnt lassen möchte. Heute leben an die 11.000 jüdische Bürger in Bayern.

Die Zuwanderung aus dem Osten Europas nach Bayern, die Integration dieser Neubürger in den Gemeinden bestärkten mich in meinem Bemühen nach einer dauerhaften vertraglichen Regelung zwischen dem Freistaat und dem Landesverband. Als ich mit Ministerialdirektor Dr. Rudolf Hanisch in der neuen Staatskanzlei in konkrete Verhandlungen eintrat, da galt es zunächst Überlegungen anzustellen, wie wir mit dem Artikel 145 der Verfassung umgehen sollten. Ich argumentierte bezüglich dieses Artikels, dass dieser doch nicht mit den 10 Geboten vergleichbar sein könne, denn dann müsste man das Justizministerium abschaffen. Von Anfang unserer Verhandlungen an legte Dr. Hanisch großes Engagement an den Tag. Er bestärkte meine Zuversicht, dass ich nun auf dem richtigen Weg sei.

Eines Tages nahm an den Verhandlungen auch Ministerpräsident Dr. Stoiber teil. Die Teilnahme des Ministerpräsidenten und der Verlauf unserer Gespräche ließ mir klar werden, dass ein endgültiger Durchbruch zum Greifen nahe war. Ministerpräsident Dr. Stoiber gab zu erkennen, dass ein Staatsvertrag zwischen dem Freistaat Bayern und dem Landesverband der Israelitischen Kultusgemeinden in Bayern möglich sei.

50 Jahre Landesverband in Bayern: Festakt im Max-Joseph-Saal der Münchner Residenz von links nach rechts: Friedrich Kardinal Wetter, Ministerpräsident Dr. Edmund Stoiber mit Frau Karin, der Autor mit Frau Ilse, Landtagspräsident Johann Böhm, Königliche Hoheit Prinz Franz von Bayern

Ich will hier nicht meine Gedanken ausbreiten über die Frage, woran es wohl gelegen hat, dass zwei Jahrzehnte ins Land gehen mussten bis zu einer Zusage des Freistaates, sich auf einen Staatsvertrag einzulassen. Ich will mich schon deshalb nicht darüber auslassen, weil ich niemandem zu nahe treten will. Nachträglich ist es für mich auch nicht mehr von Bedeutung, über die Gründe und Ursachen der Blockade nachzudenken. Mir ist es nach so vielen Jahren der Vergeblichkeit gelungen, den jüdischen Bürgern in Bayern durch die Zusage eines Staatsvertrages eine gesicherte Zukunft zu schaffen. Und schließlich ist es mir durch diese Zusage gelungen, die Israelitische Glaubensgemeinschaft der Katholischen und Evangelischen Kirche gleichzustellen.

Mit der Zusage des Bayerischen Ministerpräsidenten war der Weg zum Ziel frei, aber es standen noch langwierige Verhandlungen bevor. Im September 1995, im Jahr des 50jährigen Gedenkens der Befreiung von der nationalsozialistischen Gewaltherrschaft, kam es in der Staatskanzlei zu einer denkwürdigen Versammlung. In Begleitung aller Vorsitzenden der jüdischen Gemeinden und in Anwesenheit des Staatsministers Hans Zehetmair, erklärte Ministerpräsident Dr. Edmund Stoiber, dass der Abschluss eines Staatsvertrages eine historische Chance darstelle. In einer Mitteilung der Bayerischen Staatskanzlei vom 13. September 1995 heißt es zu diesem Treffen:

Ministerpräsident Dr. Edmund Stoiber erklärte bei einem Gespräch mit dem Landesverband der Israelitischen Kultusgemeinden in Bayern mit Präsident Dr. Dr. Simon Snopkowski an der Spitze, die Staatsregierung unterstütze den Vorschlag, die Beziehungen zwischen dem Freistaat Bayern und den Israelitischen Kultusgemeinden durch den Abschluss eines Staatsvertrages auf eine neue Grundlage zu stellen. Stoiber würdigte die herausragende Bedeutung der jüdischen Kultur in der Geschichte Deutschlands und Bayerns. Stoiber: „Wir wollen durch den Abschluss eines Staatsvertrages das gute Verhältnis zur jüdischen Gemeinschaft weiter verbessern. Der Abschluss eines Staatsvertrages im 50. Jahr des Gedenkens an Kriegsende und Befreiung von nationalistischer Gewaltherrschaft ist eine historische Chance."

Präsident Snopkowski unterstrich das gute Verhältnis der jüdischen Gemeinschaft in Bayern zur Staatsregierung. Als zentrales Problem stellte er die erhebliche Vergrößerung der jüdischen Gemeinden durch den Zuzug von Kontingentflüchtlingen aus dem Gebiet der ehemaligen Sowjetunion dar. Dies sei eine Chance, aber auch eine große Herausforderung, die die Gemeinden aus eigener Kraft kaum bewältigen können. Die Vorsitzenden der Gemeinden erläuterten die konkreten Probleme bei der Integration der großen Zahl neuer Gemeindemitglieder. Präsident Snopkowski betonte, dass der Staatsvertrag mit dem Freistaat Bayern den Israelitischen Kultusgemeinden weitere Entwicklungschancen geben solle.

Kultusminister Hans Zehetmair erläuterte, das Verhältnis zwischen Staat und Landesverband der Israelitischen Kultusgemeinden solle

Dr. Rudolf Hanisch zusammen mit dem Autor und seiner Frau Ilse. Als amtierender Ministerialdirektor in der Staatskanzlei hat er den Staatsvertrag vorbereitet und ausgearbeitet

durch den Staatsvertrag auf eine rechtliche Grundlage gestellt werden, wie sie vergleichbar auch mit den beiden großen christlichen Konfessionen besteht. Die Verhandlungen über die Ausgestaltung des Staatsvertrags werden von Kultusminister Zehetmair und Präsident Snopkowski demnächst aufgenommen.

Soweit die Erklärung der Staatskanzlei vom 13. September 1995.

Von nun an vergingen noch zwei weitere Jahre, bevor das große Ziel erreicht sein sollte. Dr. Rudolf Hanisch, mein unmittelbarer Verhandlungspartner, und ich trafen uns regelmäßig, um die einzelnen Artikel des Staatsvertrages auszuarbeiten. Dr. Hanisch machte die Ausarbeitung des Vertrages zu seiner persönlichen Angelegenheit. Ihm bin ich auch im Namen meiner jüdischen Mitbürger zu großem Dank verpflichtet. Ohne seinen persönlichen Einsatz wären die Verhandlungen nicht so zügig vorangegangen. Ein Dank gebührt auch dem Ministerialdirektor im Kultusministerium, Josef Hoderlein.

Am 14. August 1997 war es so weit. Im Marmorsaal des Prinz-Carl-Palais unterzeichneten Ministerpräsident Dr. Edmund Stoiber und ich den Staatsvertrag und tauschten die Urkunden aus. An der Vertragsunterzeichnung nahmen neben dem Ministerpräsidenten und mir die Vorstandsmitglieder des Landesverbandes und Repräsentanten Israelitischer Kultusgemeinden in Bayern sowie Regierungsvertreter teil.

Am 17. Dezember 1997 hat der Bayerische Landtag dem Vertrag zugestimmt; anschließend wurde sein Wortlaut im Bayerischen Gesetz- und Verordnungsblatt veröffentlicht. Nachstehend ein Auszug* aus dem Vertragstext:

**Vertrag
zwischen dem Freistaat Bayern
und dem Landesverband
der Israelitischen Kultusgemeinden in Bayern**

Präambel

Eingedenk des geschichtlich bedingten besonderen Verhältnisses zu seinen jüdischen Bürgern und geleitet von dem Wunsch, das freundliche Verhältnis zwischen dem Freistaat und der jüdischen Glaubensgemeinschaft zu fördern und zu festigen, schließt der Freistaat Bayern, vertreten durch den Ministerpräsidenten Dr. Edmund Stoiber, mit dem Landesverband der Israelitischen Kultusgemeinden in Bayern, vertreten durch den Präsidenten Dr. Dr. Simon Snopkowski, folgenden Vertrag:

Artikel 1 (Staatsleistung)

Zur Erhaltung und Pflege des gemeinsamen deutsch-jüdischen Kulturerbes und zur Aufrechterhaltung jüdischen Gemeindelebens in den Israelitischen Kultusgemeinden Bayerns beteiligt sich der Freistaat Bayern an deren laufenden Ausgaben für religiöse und kulturelle Zwecke mit 2.115.000,– DM im Haushaltsjahr 1997, mit 3.700.000,– DM im Haushaltsjahr 1998 und 4.000.000,– DM ab dem Haushaltsjahr 1999.

Die Zahlung erfolgt an den Landesverband und tritt an die Stelle der bisher erbrachten freiwilligen Leistungen sowie des aus Paritätsgrün-

* Vollständiger Wortlaut des Vertrages im Anhang

den gewährten Zuschusses je Bekenntnisangehörigen. Der Landesverband fördert entsprechend seiner Satzung die einzelnen Israelitischen Kultusgemeinden, ungeachtet ihrer Mitgliedschaft im Landesverband.

Bei einer Präsidiumssitzung im Landesverband habe ich das Vertragswerk wie folgt kommentiert: „Dieser Vertrag, und hierüber sind sich alle Beteiligten einig, schafft und sichert die Grundlagen jüdischen Lebens in Bayern in konfessioneller und spiritueller Hinsicht für die Zukunft. Dies ist gut so, denn dank des Niedergangs des diktatorischen Regimes im Osten und der damit verbunden Öffnung der Grenzen verzeichnete die jüdische Gemeinschaft Bayerns in den letzten Jahren ein Anwachsen auf heute über 10.000 Mitglieder.

Dies bringt für den Landesverband und seine 12 Mitgliedsgemeinden neue große Herausforderungen mit sich. Die zu uns gekommenen jüdischen Menschen aus den GUS-Staaten benötigen Hilfe und Unterstützung in allen Phasen ihrer Integration. Für sie müssen wir uns einsetzen, um ihnen die Möglichkeiten zu schaffen, ihrem Wunsche entsprechend in einer jüdischen Gemeinschaft zu leben. Dies wurde ihnen – wie bekannt – jahrzehntelang regimebedingt verwehrt. Es bedarf also, was Religion, jüdische Kultur und Tradition betrifft, einer intensiven Bildungsarbeit für alle Altersgruppen."

Ich war nun am Ziel meiner langjährigen Bemühungen angekommen. Mit dem Staatsvertrag bekam die jüdische Glaubensgemeinschaft eine dauerhafte rechtliche Grundlage, wie sie vergleichsweise auch zwischen dem Freistaat und den beiden großen christlichen Kirchen besteht. Und mit dem Staatsvertrag ist die Erhaltung und Pflege des jüdischen Kulturerbes und der Gemeinden in Bayern gesichert. Der Vertrag trägt der Lebenssituation der jüdischen Bürger Rechnung und festigt zugleich das Verhältnis zwischen dem Freistaat und der jüdischen Glaubensgemeinschaft. Schließlich ist mit dem Staatsvertrag eine dauerhafte finanzielle Basis geschaffen. Statt den freiwilligen Zuwendungen in den vergangenen Jahrzehnten erfolgen nun jährliche verbindliche Zahlungen.

Das Echo in der Öffentlichkeit war groß und positiv. Ausführlich berichteten die Medien. In den Zeitungen, im Fernsehen und im Rundfunk wurde der Vertrag ausführlich gewürdigt. Bayern ist das 10. Bun-

Unterzeichnung des Staatsvertrags durch Ministerpräsident Dr. Edmund Stoiber und durch den Autor

Austausch der Urkunden zwischen Ministerpräsident Dr. Edmund Stoiber und dem Autor

desland, das einen derartigen Vertrag auf den Weg gebracht hat. Ministerpräsident Stoiber betonte die besondere Verpflichtung der Deutschen gegenüber den jüdischen Mitbürgern nach dem Holocaust. Wörtlich sagte er: „Der Vertrag ist auf die Zukunft gerichtet. Aber er entspricht auch unserer Verantwortung aus der Vergangenheit."

Ich wies in meiner Ansprache darauf hin, dass die in Deutschland gebliebenen Juden den Glauben an einen demokratischen Wiederaufbau nie verloren hätten: „Wir haben uns immer nach Kräften bemüht, unseren Beitrag dazu zu leisten."

Von den 173 jüdischen Gemeinden, die vor der Machtergreifung der Nationalsozialisten in Bayern existierten, sind 12 Gemeinden nach dem Krieg wieder gegründet worden. Sie haben eine fundierte Perspektive in die Zukunft. Glaube und Tradition des Judentums haben in Bayern wieder eine gesicherte Existenz.

Als ich 1971 zum Präsidenten des Landesverbandes gewählt wurde, hatte ich drei Vorgänger, an die ich an dieser Stelle erinnern möchte. Von 1947 bis 1953 war Dr. Philipp Auerbach Präsident. Nach ihm von 1953 bis 1955 stand Moritz Weinberger dem Verband vor. Mein unmit-

Zwei meiner langjährigen Vorgänger als Präsidenten des Landesverbandes: Philipp Auerbach (1947–1953), der Gründer des Landesverbandes und Heinz Meier (1955–1970)

Der Autor im Gespräch mit David Schuster, der ihm jahrzehntelang als Vizepräsident zur Seite stand.

60. Geburtstag des Autors von links nach rechts: Friedrich Kardinal Wetter, Ilse Snopkowski, Autor, Franz Josef Strauß, Oberkirchenrat Theodor Glaser

telbarer Vorgänger war Heinz Meier; er stand von 1955 bis 1970 an der Spitze des Landesverbandes. Seit 1971, also 30 Jahre, habe ich dieses Amt inne. Seit Beginn meiner Amtszeit als Vorsitzender des Landesverbandes stand mir David Schuster als Vizepräsident zur Seite.

Viele Weggefährten, ohne die ich meine Arbeit im Landesverband nicht hätte verrichten können, sind nicht mehr unter uns. Ich erinnere an Dr. Julius Spanier, an Rechtsanwalt Siegfried Neuland, an Jean Mandel und Julius Spokojny; alle vier waren über viele Jahre hinweg als Landesausschussvorsitzende dem Verband und mir eng verbunden. Sie alle haben in den ersten Nachkriegsjahrzehnten am Wiederaufbau des jüdischen Lebens große Verdienste erworben. Sie haben wichtige Fundamente gelegt, auf denen ich und meine Mitarbeiter weiterbauen konnten.

Als Vorsitzender des Landesverbandes habe ich viele Jahre die bayerischen Gemeinden im Zentralrat der Juden vertreten. Mit Sorge musste ich eine Entwicklung beobachten, die meinen Vorstellungen nicht entsprach. Als Vorsitzender des Landesverbandes vertrete ich in erster Linie eine Glaubensgemeinschaft. Und da paßt es nicht in meine Vorstellungswelt, dass man zugleich ein führendes Mitglied einer politischen Partei ist. Ich für meine Person trete für eine strikte parteipolitische Neutralität derer ein, die Amtsinhaber jüdischer Organisationen sind. Damit soll die Pluralität gewährleistet sein. Was nicht heißt, dass jüdische Bürger grundsätzlich nicht Mitglied einer Partei sein sollten. Mir geht es um die parteipolitische Neutralität des Amtes. Und ein Zweites geht mir gegen den Strich: die Tendenz eines wachsenden Zentralismus von Seiten des Zentralrates. Der Aufbau der jüdischen Organisationen in Deutschland ist föderalistisch strukturiert. Die Basis bilden die einzelnen Gemeinden; sie regeln ihre Angelegenheiten in eigener Verantwortung. Der Landesverband ist nicht dazu da, um sich in die Gemeinden einzumischen. Ihm obliegt es, Aufgaben wahrzunehmen, die übergeordneten Charakter haben; und so sollte es auch im Verhältnis der Landesverbände zum Zentralrat sein. Wie die Gemeinden gegenüber dem Landesverband, so sind die Landesverbände gegenüber dem Zenralrat unabhängig. Um die Gefahr des Zentralismus zu bannen und abzustellen, habe ich mich für eine Statutenänderung eingesetzt und entsprechende Vorschläge eingebracht.

Von Anbeginn an habe ich meine Tätigkeit im Landesverband der Israelitischen Kultusgemeinden in Bayern unter drei Zielvorgaben gestellt:

Gedenken der Vergangenheit
Bewältigung der Gegenwartsaufgaben
Sicherung der Zukunft

Das Gedenken an die umgekommenen Brüder und Schwestern während der Zeit des Nationalsozialismus wird dem Landesverband eine ewige Verpflichtung sein. Am 7. Mai 1967 konnte ich im Beisein von Mitgliedern der Bayerischen Staatsregierung eine jüdische Gedenkstätte auf dem Gelände des ehemaligen Konzentrationslagers Dachau einweihen. Seitdem begeht der Landesverband jedes Jahr eine Gedenkstunde vor dem Mahnmal. Namhafte Gäste aus Israel haben das Kaddish Gebet gesprochen. Zu diesen Gästen zählten bisher die israelischen Politiker Jigal Alon, Aba Eban, Moshe Dayan, Itzak Rabin und Simon Peres. Alle diese Gäste habe ich immer persönlich begleitet. Im Dezember 1992 besuchte das Exekutivkomitee des Holocaust Museums in Washington die Gedenkstätte in Dachau. Zum 40. Jahrestag der Befreiung, im Jahre 1985, war die damalige Präsidentin des Europäischen Parlaments in Straßburg auf meine Einladung hin nach Dachau gekommen. Simone Veil hielt als Überlebende von Auschwitz die Gedenkrede.

Am 7. Mai 1995 konnte ich auf dem Gelände des ehemaligen Konzentrationslagers Flossenbürg eine weitere jüdische Gedenkstätte einweihen. Als Vertreter der Bayerischen Staatsregierung nahm der stellvertretende Ministerpräsident und Staatsminister für Unterricht, Kultus, Wissenschaft und Kunst, Hans Zehetmair teil. Minister Zehetmair hat mich all die Jahre nach Kräften unterstützt und sich so um die jüdischen Glaubensgemeinschaften in Bayern verdient gemacht. Ich möchte ihm dafür auch persönlich danken. In meiner Ansprache habe ich damals in Flossenbürg gesagt: „Möge das Gedenken an die Opfer uns und der Nachwelt zum Segen gereichen. Diese Gedenkstätten sollen nicht nur den gemeinsamen Leidens- und Todesweg der hier gefolterten und ermordeten Häftlinge symbolisieren. Sie sollen vielmehr die unbeugsame Entschlossenheit aller Menschen guten Willens künden, für die Ideale der Menschlichkeit und den Frieden auf Gottes Erde einzustehen."

Die Anschläge auf Synagogen oder die Verwüstungen jüdischer Friedhöfe sind nicht zu dulden und dürfen auf keinen Fall dadurch heruntergespielt werden, dass solcher Vandalismus von einer extremistischen Minderheit der Gesellschaft verursacht wird. Leider gibt es solche Anschläge und Schändungen auch in Bayern. Hoyerswerda, Rostock, Lübeck oder in jüngster Zeit Erfurt sind für mich Signale, dass der Ungeist gegen die Juden immer noch lebendig ist. In diesem Zusammenhang muss ich auch auf Prozesse gegen Naziverbrecher und auf Urteile deutscher Gerichte verweisen, die oft in ihrer Rechtsfindung weit unter dem angemessenen Maß der Strafe blieben oder gar zu Freisprüchen führten. Dass rechtsradikale Parteien in Landesparlamenten mit Abgeordneten vertreten sind, enttäuscht mich. Dennoch sehe ich auch, dass Juden in Deutschland wieder die Möglichkeit zu leben und zur Integration haben. Die Existenz des Staates Israel seit 1948 vermittelt zudem einen besonderen Rückhalt. Anders als noch in der ersten Hälfte des 20. Jahrhunderts sind die Juden nicht mehr staatenlos.

Wenn ich von der Sicherung der Zukunft spreche, so will ich damit zum Ausdruck bringen, dass alles getan werden sollte, damit jüdische Bürger in Deutschland leben und sich integrieren können. Deshalb trete ich dafür ein und befürworte, dass die jüdische Gemeinschaft mit ihren Vertretern oder Sprechern in verfassungsmäßigen Institutionen oder gesellschaftlichen Räten vertreten sind. Ich empfinde es als eine gute demokratische Tradition, dass seit Bestehen des Landesverbandes die jüdische Gemeinschaft in Bayern im Bayerischen Senat vertreten war. Ich selbst war 1975 für ein Jahr Mitglied des Senates, musste aber nach 12 Monaten aus beruflichen Gründen wieder ausscheiden. Ab März 1996 bis zu seiner Auflösung 1999 war ich ein zweites Mal Mitglied der 2. Kammer.

Von 1988 bis 1995 war ich Mitglied im Rundfunkrat des Bayerischen Rundfunks und von 1984 bis 1988 Mitglied des Medienrates. Ich betrachte die Mitarbeit in solchen Gremien nicht nur im Interesse der jüdischen Gemeinschaft für notwendig, sondern schließlich und einfach auch aus der Pflicht eines Bürgers heraus.

8. Kapitel
Begegnungen

In meinem Leben bin ich vielem begegnet. Ich sah in die tiefen dunklen Abgründe, die Hass und Feindlichkeit hervorbringen. Ich sah aber auch, was Solidarität und menschliches Mitgefühl stiften können. Gespräch und Begegnung sind für mich die elementare Voraussetzung für ein auf gegenseitigen Respekt gegründetes friedliches Zusammenleben. Ich habe immer das Gespräch und die Begegnung gesucht und auch gefunden, im privaten wie im öffentlichen Leben, nicht aus gesellschaftlicher Reputation, sondern aus dem inneren Bedürfnis heraus, offen zu bleiben. Als Jude habe ich erlebt, welch tödliche Gefahr daraus wächst, wenn beides verweigert wird: Begegnung und Gespräch.

Stationen im Leben eines Menschen sind keine Ruhepunkte. Sie sind Beobachtungsposten in einer geistigen Landschaft, die man über Jahrzehnte durchwandert und in der sich die Erlebnisse und Erfahrungen zu Erkenntnissen konsolidieren. Die kommenden Generationen mögen beherzigen, dass die Bewahrung unseres jahrtausendealten Erbes – Glaube und Tradition – unsere bisherige Existenz sicherte und auch die Zukunft sichern wird. Dabei kann nicht so sehr das Reform- bzw. Anspruchsdenken im Vordergrund stehen, sondern die Pflege der Tradition. Aus ihr schöpft jede Generation die Kraft, das menschliche Miteinander friedlich und zum Wohle aller zu gestalten. Begegnung heißt aber auch das Trennende und Fremde zu überwinden, Brücken zu schlagen zwischen Menschen und Völkern, zwischen den Kulturen und Religionen. Mir scheint, dass gerade die Religionen aufgefordert sind, aus ihrer jeweiligen Geschichte zu lernen, damit sich der Geist in der Auseinandersetzung mit dem Ungeist, der Glaube im Streit mit dem Atheismus und die Kultur gegen die Unkultur behaupten.

Meine zwei Begegnungen mit Papst Johannes Paul II. haben mich tief beeindruckt. Das erste Mal auf dem Münchner Hauptbahnhof 1981 anlässlich seines Pastoralbesuches in Deutschland. Der damalige Erzbischof von München und Freising, Josef Kardinal Ratzinger, hatte mich ausdrücklich gebeten, mit ihm zusammen den Papst in München zu begrüßen. 1984 hatte mich Johannes Paul II. in Rom in Privataudienz empfangen. Er umarmte mich und wir sprachen in unserer polnischen Muttersprache miteinander. Der Papst erinnerte an mein Schicksal als Überlebender und ich vergesse nicht seine tiefe Anteilnahme. Aus nächster Nähe hatte er in seiner polnischen Heimat als junger Theologiestudent die Vernichtungsmaschinerie der Nazis erlebt. Er sprach mir Mut und Bewunderung zu für meinen lebenslangen Einsatz im Dienste der jüdischen Gemeinschaft.

Eine enge Freundschaft verbindet mich seit langem mit dem Obersten Rabbiner in Israel, mit Rabbiner Meir Lau. Jedes Mal, wenn ich nach Israel komme oder Rabbiner Lau nach Europa, finden wir Zeit und Gelegenheit zu einer gemeinsamen Begegnung. Erst Anfang des Jahres 2000 machte er anlässlich einer Europareise Station in München.

In meiner Begegnung mit dem ägyptischen Staatspräsidenten Mubarak sprach ich die Probleme des Staates Israel im Nahen Osten an und verwies auf die notwendige Aussöhnung zwischen Juden und Arabern in dieser Region.

Mit dem ehemaligen polnischen Außenminister Wladyslaw Bartoszewski verbindet mich der gemeinsame Kampf gegen die deutsche Besatzungsmacht in Polen. Ich lernte ihn kennen, als er in den 80er Jahren an der Münchner Universität eine Gastprofessur inne hatte. Sein unerbittlicher Kampf gegen jedwede Gewaltherrschaft brachte ihm das KZ Auschwitz und im Nachkriegspolen viele Jahre Haft wegen seines Widerstandes gegen die kommunistische Herrschaft ein.

Als Michail Gorbatschow 1992 nach München kam – er war schon nicht mehr Staatspräsident –, um den Dank für seinen Beitrag für die Wiedervereinigung Deutschlands entgegenzunehmen, da hatte ich Gelegenheit für ein längeres Gespräch mit ihm. Ich sprach mit ihm eingehend und lange über die Situation der Juden in der ehemaligen Sowjetunion. Er brachte mir großes Verständnis entgegen.

Begrüßung von Johannes Paul II. durch den damaligen Münchner Erzbischof Josef Kardinal Ratzinger auf dem Münchner Hauptbahnhof rechts im Bild der Autor

Privataudienz bei Johannes Paul II. im Vatikan 1984

Begegnung mit dem Oberrabbiner des Staates Israel, einem ehemaligen KZ-Häftling von Buchenwald, Meir Lau

Der Autor im Gespräch mit Teddy Kollek, ehemals Bürgermeister von Jerusalem. Rechts im Bild der Direktor der Katholischen Akademie in Bayern, Dr. Franz Henrich

Asher Ben Natan, erster Botschafter des Staates Israel in Deutschland, Autor. Im Hintergrund Dr. Hans Lamm

Händedruck mit dem spanischen König Juan Carlos, bei einem Empfang des ehemaligen Ministerpräsidenten Franz Josef Strauß in der Münchner Residenz

Gespräch des Autors mit dem ägyptischen Staatspräsidenten Mubarak anlässlich eines Empfanges durch Ministerpräsident Max Streibl in der Münchner Residenz

Der Autor in einem angeregten Gespräch mit dem Erzbischof von Paris, Kardinal Lustiger. Rechts im Bild: Julius Spokojny.

Begegnung im Bayerischen Hof in München mit dem früheren Erzbischof von Wien, Franz Kardinal König

Der Autor im Gespräch mit dem früheren polnischen Außenminister Prof. Wladyslaw Bartoszewski und polnischen Widerstandskämpfer in der Gruppe Zegota. Im Bildhintergrund: Landtagsvizepräsident Hiersemann

Michail Gorbatschow, der frühere Staatspräsident der Sowjetunion, 1992 in München im regen Gedankenaustausch mit dem Autor

Staatsratsvorsitzender Erich Honecker 1987 im ehemaligen KZ-Dachau

Der Autor mit dem Botschafter der Volksrepublik China

Verleihung des Bayerischen Verdienstordens 1975. Angeregter Gedankenaustausch mit Golo Mann im Hof der Münchner Residenz

Münchner Residenz nach der Begegnung zum 50. Jahrestag der Befreiung in der KZ-Gedenkstätte Auschwitz am 27. Januar 1995. Der Autor im Gespräch mit Bundespräsident Roman Herzog.

Mit dem langjährigen Münchner Oberbürgermeister
Dr. Jochen Vogel im freundschaftlichen Gespräch
von links nach rechts: Dr. Jochen Vogel, Ilse Snopkowski, Autor

9. Kapitel
Gedenken

Das 20. Jahrhundert liegt hinter uns, nicht aber, was in diesem Jahrhundert geschah. Der Schock, den der Erste Weltkrieg unter den Völkern Europas ausgelöst hatte, ist in den 20er und 30er Jahren weitgehend in Vergessenheit geraten. Haben europäische Juden im Ersten Weltkrieg noch an der Seite der Krieg führenden Nationen gekämpft und sich als glühende Patrioten erwiesen, so mussten sie im Zweiten Weltkrieg den Weg in die Vertreibung und Vernichtung antreten. Die jüdische Kultur, ihre geistigen und religiösen Traditionen, die in der europäischen Geschichte stets ein bedeutsames Ferment in der zivilisatorischen Entwicklung war, wurde mit Füßen getreten und ausgelöscht. Das Ostjudentum ist hier nur noch in der großen Literatur eines Joseph Roth oder Isaak Baschewis Singer lebendig. Das bunte Leben und Treiben, das einst dem Schtetl einen unverkennbaren Charakter verlieh, ist zu Asche geworden. Nirgendwo auf der Welt war das spirituelle Leben des Judentums so intensiv und ausgeprägt wie im Osten Europas. Aber auch dies ist eine vergangene Welt. Ich zähle mich zu dieser vergangenen Welt, weil ich dort in meiner Jugend meine kulturellen und religiösen Wurzeln geschlagen habe. Aus ihnen schöpfte ich Kraft in den Jahren der Verfolgung und auch danach, als es darum ging, auf Ruinen jüdische Religion und Tradition wieder zu beleben.

Das Gedenken hat im Judentum von jeher seinen festen Platz und es ist aktueller denn je, nachdem über 6 Millionen europäische Juden im Holocaust umkamen. Ich halte das Gedenken für ein unverzichtbares Element in einem humanen Leben und in einer zivilisierten Gesellschaft. Immer dann wurde Geschichte unheilvoll und bedrohlich, wenn das Gedenken in Vergessenheit geriet. Es erschöpft sich für mich nicht in der bloßen geschichtlichen Erinnerung, in der Bewusstwerdung historischer Vorgänge und Daten; es hat für mich eine religiöse Dimension.

Gedenken an die Vergangenheit richtet sich an die Millionen unschuldig ermordeter Opfer. Gedenken in der Gegenwart ist von der Sorge getragen, alles dafür zu tun, dass Vertreibung und Vernichtung nie mehr über uns hereinbrechen und Gedenken in die Zukunft bedeutet für mich, dass jüdische Menschen ihren Glauben, ihre Religion und ihre Tradition frei und unbedroht leben können.

Es wäre unverzeihlich, wenn man ein zweites Mal schuldig würde, schuldig auch an der jungen Generation, indem man sie durch nationale Phrasen verwirrte oder irreleitete.

Wer die Naziherrschaft zu verharmlosen versucht, entschuldigt oder gar aufwertet, wer die Verbrechen und die Untaten zu verniedlichen oder aufzurechnen versucht, der lädt große Schuld auf sich. Er ist mit der Jesajastelle gemeint, wo des Propheten Ruf laut wird nach Frieden, verbunden aber mit einer Mahnung gegen Scheinfrieden mit den Nichtfriedfertigen.

Verfolgungen, Gewalt und Mord an Menschen, wie sie in Dachau, Auschwitz und Treblinka geschahen – und wo immer in der Welt sie auch geschehen – legen der Gesellschaft und dem einzelnen Verpflichtungen auf, die, wenn sie nicht erfüllt werden, uns der Gefahr aussetzen, wieder einmal in den Abgrund gerissen zu werden.

Unsere erste Pflicht ist es, zu wissen, was geschehen ist, und dieses Wissen an die uns folgenden Generationen weiter zu vermitteln. Uns, den Überlebenden, ist es daher eine ehrenvolle Verpflichtung, den jüdischen Opfern Gedenkstätten zu erstellen, und zwar für alle Zeiten, wobei wir uns aber auch darüber im klaren sind, dass nicht Gedenkstätten und nicht Mahnmale allein die Erinnerung an die satanischen Grausamkeiten dem jüdischen Volke gegenüber erhalten werden.

Der markerschütternde Todesschrei der Opfer im Moment ihres qualvollen Todes wird stets über diesem Ort als ewige Zeugenschaft, als Anklage und als Mahnung hängen. Gedenkstätten sollten aber nicht nur der Trauer um die jüdischen Opfer dienen. Sie sollen zugleich den Überlebenden Kraft zur Hoffnung geben, zu jener Hoffnung, die das jüdische Volk niemals preisgegeben hat. Gedenkstätten sollen nicht nur den gemeinsamen Leidens- und Todesweg der hier gefolterten und ermordeten Häftlinge symbolisieren.

Sie sollen vielmehr die unbeugsame Entschlossenheit aller Menschen guten Willens künden, für die Ideale der Menschlichkeit und den Frieden auf Gottes Erde einzustehen.

Entnahme von Erde aus einem Massengrab in Dachau für die Holocaust-Gedenkstätte in Washington. In der Mitte des Bildes der Autor

40. Jahrestag der Befreiung von Dachau. Rechts neben dem Autor die damalige Präsidentin des Europäischen Parlaments Simone Veil (ehemaliger Häftling des KZ-Auschwitz-Birkenau)

30. April 1993, 60. Jahrestag der Errichtung des KZ-Dachau. Der damalige Ministerpräsident Max Streibl bei seiner Gedenkansprache

Gedenkstunde zum 50. Jahrestag der Befreiung in der jüdischen Gedenkstätte Dachau. Im Bild von links nach rechts: Ministerpräsident Dr. Edmund Stoiber und seine Frau Karin, der Münchner Kardinal Friedrich Wetter, der Autor, Rabbiner Goldberg

50. Jahrestag in Babij Jar. Teilnehmer der Gedenkfeier einer bayerischen Delegation mit Staatssekretär Günther Beckstein bei seiner Ansprache. In der Mitte des Bildes der Autor und der Vertreter des ukrainischen Innenministeriums; im Hintergrund Ministerialdirektor Dr. Walter Schön

Gedenkstätte in Kovno (Litauen). Im Bild: Fort 9 – die Straße zur Stätte der Hinrichtung

Der Autor in der Katakombe von Odessa nach dem Verrichten des Totengebetes (1987)

Gedenkstätte in Warschau. An dieser Stelle stand das berüchtigte Gefängnis Pawiak, in dem massenhafte Exekutionen stattfanden. Vor dem Rückzug der deutschen Truppen, zerstörten die Nazis dieses Gefängnis, um Spuren zu verwischen. Im ehemaligen Kellergeschoss befindet sich ein Museum der Folter und Vernichtung

Ponary (in der Nähe von Wilna), der Autor vor dem Denkmal der Massengräber der litauischen Juden

Einweihung der jüdischen Gedenkstätte in Flossenbürg zum 50. Jahrestag der Befreiung vom Nazi-Regime: 8. Mai 1995

27. Januar 1995: 50 Jahre der Befreiung von Auschwitz. Kranzniederlegung durch die Gesellschaft zur Förderung jüdischer Kultur und Tradition und durch die Landeszentrale für politische Bildungsarbeit in Bayern. Von links nach rechts: Autor, Dr. Heinrich Wackerbauer, Ilse Snopkowski

Nachwort

Ich habe versucht, einiges aus meinem Leben zu erzählen, von meiner Herkunft, meiner Kindheit und Jugend, von den Zwangsarbeits- und Konzentrationslagern und von der Hoffnung, die mir in den Jahren des Schreckens und Grauens nie abhanden kam. Ich wollte berichten von den Neuanfängen jüdischen Lebens in Bayern, von meinem Studium und meinem Beruf als Chirurg, von den vielfältigen Tätigkeiten, die ich in den letzten vier Jahrzehnten im Dienst an der Gemeinschaft der Juden in Bayern erbracht habe.

Es ist in den vergangenen Jahrzehnten viel geschehen in Bayern, damit jüdisches Leben nicht mehr als Fremdkörper erscheint. Dafür wollte ich nach Kräften meinen Beitrag leisten. Ich habe mich immer an den Satz eines großen Weisen gehalten, der da lautet: „Um die Zukunft zu verändern, muss man ein würdiger Erbe der Vergangenheit sein“. Ich möchte diesen Satz besonders der jungen Generation ans Herz legen. Um dieses Erbe lebendig zu halten, habe ich 1981 die Gesellschaft zur Förderung jüdischer Kultur und Tradition gegründet. Das Interesse gerade der jungen Menschen an unseren Veranstaltungen zeigt mir, dass wir auf einem guten Weg sind. Wer sich kennt, wird so schnell nicht zum Feind.

Eine lange Zeit habe ich darüber geschwiegen, weil mir bewusst ist, dass keine Worte das Schicksal von 6 Millionen ermordeter Juden und das Erleben der Davongekommenen auch nur annähernd wiedergeben können. Und so fiel es mir nicht leicht, in den Monaten der Vorbereitung dieses Buches, mir meine Erlebnisse ins Gedächtnis zurückzurufen. Warum? Wer selbst nicht an seiner eigenen Person erfahren hat, was geschehen ist, für den ist die tatsächliche Wirklichkeit nur schwer nachvollziehbar.

Über den Holocaust und über das Schicksal der Überlebenden ist in den letzten fünf Jahrzehnten viel geschrieben und festgehalten worden, von den Betroffenen selbst und von der Zeitgeschichte. Dass ich nun, im 75. Lebensjahr, von mir und meinem Schicksal berichte, soll eines meiner persönlichen Grundanliegen verdeutlichen, das sich wie ein zarter Faden durch mein ganzes Leben zieht: wachsam zu sein, wehrhaft gegenüber einer Kultur des Todes.

Das Judentum ist keine Kultur des Todes, sondern des Lebens. Das Volk Israel ist im Gegensatz zu einer Kultur des Todes, wie zum Beispiel der des alten Ägyptens, entstanden. Das alte Ägypten opferte das Leben von Zehntausenden, um die Grabstätten für ihre Könige zu errichten. Nach dem Auszug aus Ägypten wurde dem Volk Israel der Totenkult streng verboten. So ist nicht einmal die Grabstätte des Volksgründers und Religionsstifters Moses bekannt. Im Gegensatz zu einer Kultur des Todes hat das Volk Israel das lebendige Erinnern an Opfer und Verfolgte, an Sklaven und Unfreie wach gehalten. Nicht der Sieger, sondern der Opfer soll gedacht werden.

Faschismus, Nationalsozialismus und Falangismus waren ausgesprochene Kulturen des Todes. Ihre Zeichen waren schwarze Hemden, Totenköpfe und der Ruf: „Viva la muerte". Die letzte Steigerung einer Kultur des Todes war die Errichtung von Todesfabriken durch den Nationalsozialismus. An die Millionen von Opfern, die darin umgekommen sind, zu erinnern, ist für mich ein Zeichen der Befreiung, ein eindringlicher Aufruf zum Leben.

Vor 50 Jahren hätte ich mir nicht vorstellen können, dass jüdisches Leben in diesem Land wieder möglich sein wird. Die Geschichte hat erfreulicherweise gezeigt, dass es anders kam. Die Bundesrepublik einschließlich der 16 Länder, das Grundgesetz und die Länderverfassungen haben sich als zuverlässige Garanten der Demokratie erwiesen. Allein in Bayern leben heute an die 10.000 jüdische Bürger, in der Bundesrepublik sind es 100.000. Der Staatsvertrag, den ich am 14. August 1997 zusammen mit dem Bayerischen Ministerpräsidenten, Dr. Edmund Stoiber, unterzeichnen konnte, sichert für die Zukunft die Erhaltung und Pflege jüdischer Kultur und Religion.

Als Naturwissenschaftler bin ich ein nüchterner Mensch. Von schöngeistiger oder politischer Schwärmerei habe ich nie etwas gehalten und auch nichts von jedweder Ideologie. Ich versuche, den Dingen aus meiner Sicht auf den Grund zu gehen und verabscheue Vorurteile. Oft stehe ich im Widerspruch zu vorherrschenden Meinungen und Trends; mit einem Zeitgeist, der die Menschen ahnungslos vor sich hertreibt, kann ich mich nicht anfreunden. Und doch war ich immer in meinem Leben nicht frei von Träumen und Visionen. Und das bin ich bis heute geblieben. Visionen sind für mich die Voraussetzung, um einer Idee zur Wirklichkeit zu verhelfen. Ohne Vision von einer anderen Zukunft hätte ich im KZ nicht überlebt und ohne die Vision von einem Leben im Land der Täter hätte ich die mir gesteckten Ziele nicht erreicht. Die Vision ist für mich das Ferment gegen Verkrustung und Stillstand.

Als Angehöriger des jüdischen Glaubens will ich ein ganz normaler deutscher Staatsbürger sein mit seinen Rechten und Pflichten, so wie jeder Deutsche auch. Ich weiß, dass nicht alle jüdischen Landsleute so denken; aber für mich soll es so sein. Ich freue mich, dass meine beiden Kinder Jona und Peter in dieser Frage so denken und fühlen wie ich. Sie sind in München aufgewachsen, haben hier studiert und üben beide, hier ihren Beruf aus. Sie sind beruflich und gesellschaftlich integriert.

Am Schluss möchte ich ein herzliches Dankeschön all denen sagen, die mich in meinem Bemühen begleitet und unterstützt haben in Politik und Gesellschaft. Den größten Dank will ich meiner Frau Ilse aussprechen, die mir seit 1958 ein treuer und unverbrüchlicher Weggefährte geworden ist. Und meinen beiden Kindern, an denen ich erlebe, dass mein Weg der richtige war:

Ich will den Anderen Mensch sein,
ohne aufhören zu müssen,
Jude zu sein.

Anhang

Bekanntmachung des Vertrags zwischen dem Freistaat Bayern und dem Landesverband der Israelitischen Kultusgemeinden in Bayern

Vom 24. Januar 1998

Der Landtag des Freistaates Bayern hat mit Beschluß vom 17. Dezember 1997 dem am 14. August 1997 unterzeichneten Vertrag zwischen dem Freistaat Bayern und dem Landesverband der Israelitischen Kultusgemeinden in Bayern zugestimmt. Der Vertrag wird nachstehend bekanntgemacht.

München, den 24. Januar 1998

Der Bayerische Ministerpräsident

Dr. Edmund Stoiber

Vertrag zwischen dem Freistaat Bayern und dem Landesverband der Israelitischen Kultusgemeinden in Bayern

Präambel

Eingedenk des geschichtlich bedingten besonderen Verhältnisses zu seinen jüdischen Bürgern und geleitet von dem Wunsch, das freundliche Verhältnis zwischen dem Freistaat und der jüdischen Glaubensgemeinschaft zu fördern und zu festigen, schließt der Freistaat Bayern, vertreten durch den Ministerpräsidenten Dr. Edmund Stoiber, mit dem Landesverband der Israelitischen Kultusgemeinden in Bayern, vertreten durch den Präsidenten Dr. Dr. Simon Snopkowski, folgenden Vertrag:

Artikel 1

Staatsleistung

(1) Zur Erhaltung und Pflege des gemeinsamen deutsch-jüdischen Kulturerbes und zur Aufrechterhaltung jüdischen Gemeindelebens in den Israelitischen Kultusgemeinden Bayerns beteiligt sich der Freistaat Bayern an deren laufenden Ausgaben für religiöse und kulturelle Zwecke mit 2.115.000,– DM im Haushaltsjahr 1997, mit 3.700.000,– DM im Haushaltsjahr 1998 und 4.000.000,– DM ab dem Haushaltsjahr 1999[1)].

(2) [1]Die Zahlung erfolgt an den Landesverband und tritt an die Stelle der bisher erbrachten freiwilligen Leistung sowie des aus Paritätsgründen gewährten Zuschusses je Bekenntnisangehörigen. [2]Der Landesverband fördert entsprechend seiner Satzung die einzelnen Israelitischen Kultusgemeinden, ungeachtet ihrer Mitgliedschaft im Landesverband. [3]Der Landesverband der Israelitischen Kultusgemeinden in Bayern stellt den Freistaat Bayern frei, soweit eine Israelitische Kultusgemeinde oder eine sonstige jüdische Glaubensgemeinschaft gegen den Freistaat Bayern Ansprüche erheben sollte, die durch die Staatsleistung nach Absatz 1 abgegolten werden. [4]Unmittelbare Ansprüche von Israelitischen Kultusgemeinden gegen den Freistaat Bayern werden durch diesen Vertrag nicht begründet.

(3) Die Staatsleistung erhöht oder vermindert sich, beginnend ab dem Haushaltsjahr 1999, zu Beginn jeden Haushaltsjahres in dem gleichen Verhältnis, in dem sich die Grundgehaltssätze der Landesbeamten der Besoldungsgruppe A 13 im vorhergehenden Haushaltsjahr erhöht oder vermindert haben.

(4) Die Staatsleistung wird mit je einem Viertel des Jahresbetrages jeweils am 15. Februar, 15. Mai, 15. August und 15. November gezahlt.

[1)] vorbehaltlich der Entscheidung des Bayerischen Landtags

Artikel 2

Religionsunterricht

(1) [1]Der jüdische Religionsunterricht ist an den Volksschulen, Realschulen, Gymnasien, Förderschulen, Berufsschulen, Berufsaufbauschulen, Wirtschaftsschulen, Fachoberschulen, Berufsoberschulen, an sonstigen Schulen nach Maßgabe der Schulordnung, für jüdische Schüler ordentliches Lehrfach (Pflichtfach); Art. 137 Abs. 2 der Verfassung des Freistaates Bayern bleibt unberührt. [2]Der Unterricht wird im Einvernehmen mit den Schulaufsichtsbehörden und unter Beachtung der für den Religionsunterricht allgemein geltenden Rechts- und Verwaltungsvorschriften vom Landesverband organisiert. [3]Er kann in Räumen abgehalten werden, die vom Landesverband oder den Kultusgemeinden zur Verfügung gestellt werden, sofern sie für Unterrichtszwecke geeignet sind.

(2) Der Religionsunterricht wird unbeschadet der staatlichen Schulaufsicht in Übereinstimmung mit den Grundsätzen der Glaubensgemeinschaft erteilt.

(3) An den nach Art. 6 Abs. 1 des Gesetzes über den Schutz der Sonn- und Feiertage – FTG – (BayRS 1131-3-I), zuletzt geändert durch Gesetz vom 23. Dezember 1994 (GVBl S. 1049), geschützten israelitischen Feiertagen haben die bekenntniszugehörigen Schüler an den Schulen aller Gattungen unterrichtsfrei.

(4) [1]Die Verantwortung für den Religionsunterricht obliegt dem Landesverband der Israelitischen Kultusgemeinden in Bayern. [2]Die Organisation und Durchführung des Religionsunterrichts vor Ort obliegt der jeweiligen Kultusgemeinde.

(5) [1]Die Erteilung des jüdischen Religionsunterrichts setzt die Bevollmächtigung durch den Landesverband der Israelitischen Kultusgemeinden in Bayern voraus. [2]Der Religionsunterricht kann nur von Lehrkräften erteilt werden, die die wissenschaftliche und pädagogische Eignung für diese Aufgabe haben und für die von der jeweils zuständigen Schulaufsichtsbehörde eine Unterrichtsgenehmigung erteilt wurde.

(6) Der Personal- und Sachaufwand für den Religionsunterricht ist durch die Staatsleistung nach Art. 1 abgegolten.

Artikel 3

Ausschluß sonstiger Leistungen

[1]Der Landesverband der Israelitischen Kultusgemeinden wird über die nach Art. 1 gewährten Leistungen hinaus keine weiteren finanziellen Forderungen an den Freistaat Bayern herantragen. [2]Unberührt bleiben Leistungen, die nach Maßgabe der allgemein geltenden Gesetze oder auf Grund von Vereinbarungen mit dem Bund und den Ländern gewährt werden. [3]Dazu gehören vor allem die staatlichen Leistungen zur dauernden Pflege verwaister israelitischer Friedhöfe in Bayern sowie die staatlichen Leistungen zur Unterbringung und Betreuung jüdischer Emigranten aus der ehemaligen Sowjetunion.

Artikel 4

Freundschaftsklausel

[1]Die Bayerische Staatsregierung und der Landesverband der Israelitischen Kultusgemeinden werden sich zur Regelung von Angelegenheiten, die die beiderseitigen Interessen berühren, miteinander ins Benehmen setzen. [2]Sie werden etwaige Meinungsverschiedenheiten auf freundschaftliche Weise ausräumen.

Artikel 5

Laufzeit und Kündigung

[1]Dieser Vertrag kann von jedem der Vertragsschließenden mit einer Frist von einem Jahr schriftlich gekündigt werden, erstmalig zum 31. Dezember 2002. [2]Seine Geltungsdauer verlängert sich jeweils um fünf Jahre, wenn er nicht fristgerecht gekündigt wird.

Artikel 6

Inkrafttreten

Dieser Vertrag tritt mit Inkrafttreten des Zustimmungsgesetzes in Kraft.

München, den 14. August 1997

Dr. Edmund Stoiber   Dr. Dr. Simon Snopkowski